安全驾驶培训教程

《安全驾驶培训教程》编委会　编

适用车型
A2、B2

人民交通出版社股份有限公司
北京

内 容 提 要

本书依据《道路货物运输驾驶员培训教学大纲》进行编写，内容包括法律、法规和相关知识，场地与道路驾驶，安全文明驾驶常识等内容，同时兼顾道路货物运输从业等相关知识。

本书适用于相关车型的驾驶人和道路货物运输驾驶员培训使用，也可供管理人员和教练员学习参考。

图书在版编目（CIP）数据

安全驾驶培训教程：适用车型：A2、B2 /《安全驾驶培训教程（适用车型：A2、B2）》编委会编. —北京：人民交通出版社股份有限公司，2021.5

机动车驾驶培训教材

ISBN 978-7-114-17330-1

Ⅰ. ①安… Ⅱ. ①安… Ⅲ. ①汽车驾驶—安全技术—技术培训—教材 Ⅳ. ①U471.15

中国版本图书馆CIP 数据核字（2021）第094578 号

Anquan Jiashi Peixun Jiaocheng（Shiyong Chexing：A2、B2）

书　　名：安全驾驶培训教程（适用车型：A2、B2）

著 作 者：《安全驾驶培训教程》编委会

责任编辑：李　洁　范　坤

责任校对：孙国靖　龙　雪

责任印制：刘高彤

出版发行：人民交通出版社股份有限公司

地　　址：（100011）北京市朝阳区安定门外外馆斜街3号

网　　址：http://www.ccpcl.com.cn

销售电话：（010）65290010，65290014

总 经 销：人民交通出版社股份有限公司

经　　销：各地新华书店

印　　刷：北京市凯鑫彩色印刷有限公司

开　　本：787 × 980　1/16

印　　张：10.25

字　　数：162千

版　　次：2021年5月　第1版

印　　次：2021年11月　第3次印刷

书　　号：ISBN 978-7-114-17330-1

定　　价：40.00元

《安全驾驶培训教程》编委会

内容 \ 学时 \ 车型	A2	B2
总学时	95	125
道路交通安全法律、法规和相关知识	14	16
基础和场地驾驶	41	55
道路驾驶	22	32
安全文明驾驶常识	18	22

名词术语的解释说明

为了方便学员使用与理解，下面列出各种常见规范术语与通俗叫法、单位名称与单位符号的对照关系。

规范术语	通俗叫法
转向盘	方向盘
制动	刹车
制动踏板	脚刹　刹车踏板
驻车制动器	手刹　手制动器　驻车制动踏板
前照灯	大灯　前大灯
刮水器	雨刮器　雨刮　雨刷
加速踏板	油门踏板　油门

单位名称	单位符号
公里 千米	km
米	m
转 / 分	r/min
厘米	cm
毫米	mm
千帕	kPa
升	L

目录

第一部分 法律、法规和相关知识

第一部分
法律、法规和相关知识

警告标志

警告（提醒、告示）机动车驾驶人前方有危险，谨慎通过。

图示					
含义	十字交叉路口	T 型交叉路口		向右急转弯	向左急转弯
图示					
含义	反向弯路	连续弯路	上陡坡	下陡坡	连续下坡
图示					
含义	两侧变窄	右侧变窄	左侧变窄	窄桥	双向交通
图示					
含义	注意行人	注意儿童	注意残疾人	注意非机动车	注意信号灯
图示					
含义	注意牲畜	注意野生动物	村庄或集镇	注意落石	傍山险路

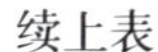

续上表

图示					
含义	易滑路段	堤坝路	渡口	过水路面	注意横风
图示					
含义	驼峰桥	路面不平	路面高突	路面低洼	施工路段
图示					
含义	隧道	隧道开灯	慢行	注意危险	事故易发路段
图示					
含义	注意潮汐车道	注意保持车距	左右绕行	左侧绕行	右侧绕行
图示					
含义	注意分离式道路	注意合流	避险车道	建议速度	多股铁路与道路相交

续上表

图示					
含义	有人看守铁路道口	无人看守铁路道口	距无人看守铁路道口 50 米	距无人看守铁路道口 100 米	距无人看守铁路道口 150 米

2 禁令标志

表示禁止、限制及相应解除的含义，机动车驾驶人要严格遵守。

图示					
含义	停车让行	减速让行	会车让行	禁止通行	禁止驶入
图示					
含义	禁止小型客车驶入	禁止机动车驶入	禁止停放车辆	禁止长时间停车	禁止直行
图示					
含义	禁止向左转弯	禁止向右转弯	禁止直行和向左转弯	禁止直行和向右转弯	禁止向左向右转弯

续上表

图示					
含义	禁止掉头	禁止超车	解除禁止超车	速度限制	解除速度限制
图示					
含义	禁止鸣喇叭	限制宽度	限制高度	停车检查	海关
图示					
含义	禁止载货汽车驶入	禁止挂车、半挂车驶入	限制质量	禁止运输危险品车辆驶入	

3 指示标志

指示车辆、行人行进方向或者路线，机动车驾驶人、行人要遵守。

图示					
含义	直行	向左转弯	向右转弯	直行和向右转弯	直行和向左转弯
图示					
含义	直行车道	左转车道	右转车道	直行和右转合用车道	直行和左转合用车道

续上表

图示					
含义	直行单行路	向左单行路	向右单行路	立体交叉直行和右转弯行驶	立体交叉直行和左转弯行驶
图示					
含义	向左和向右转弯	靠右侧道路行驶	靠左侧道路行驶	环岛行驶	鸣喇叭
图示					
含义	机动车行驶	机动车车道	多乘员车辆专用车道	步行	人行横道
图示					
含义	掉头	掉头车道	掉头和左转合用车道	路口优先能行	会车先行
图示			快速公交		
含义	分向行驶车道	公交线路专用车道	快速公交系统（BRT）专用车道	非机动车行驶	非机动车行驶
图示	50				
含义	最低速度				

4 指路标志

表示道路信息的指引，为机动车驾驶人传递（提供）道路方向、地点和距离信息。

一般道路标志					
图示					
含义	交叉路口告知			十字交叉路口告知	丁字交叉路口告知
图示					
含义	Y形交叉路口告知	环行交叉路口告知	互通式立体交叉告知	车道数变少	车道数增加
图示					
含义	地点距离告知	向右绕行	错车道	此路不通	交通监控设备
图示					
含义	隧道出口距离	露天停车场告知	室内停车场	观景台	休息区
图示					
含义	应急避难场所	国道编号	省道编号	县道编号告知	乡道编号告知
图示					
含义	线形诱导标志	两侧通行	右侧通行	左侧通行	
高速公路标志					
图示					
含义	入口预告	地点、方向预告	地点距离预告	命名编号	下一出口预告

续上表

图示					
含义	右侧出口预告	左侧出口预告	交通广播频率	紧急电话	救援电话
图示					
含义	ETC 车道	ETC 收费站	起点预告	终点预告	
图示					
含义	停车领卡	服务区预告		停车区预告	停车场预告
图示					
含义	紧急停车带	加油站	特殊天气建议速度		

5 旅游区标志

旅游区标志是提供旅游项目类别、具代表性的符号及前往各旅游景点的指引。

交通标线

图示				
含义	旅游区距离	旅游区方向		索道

三、道路交通标线

道路交通标线分为：指示标线、警告标线、禁止标线。

1 指示标线

指示车行道、车行方向、路面边缘、人行横道、停车位、停靠站及减速丘等。

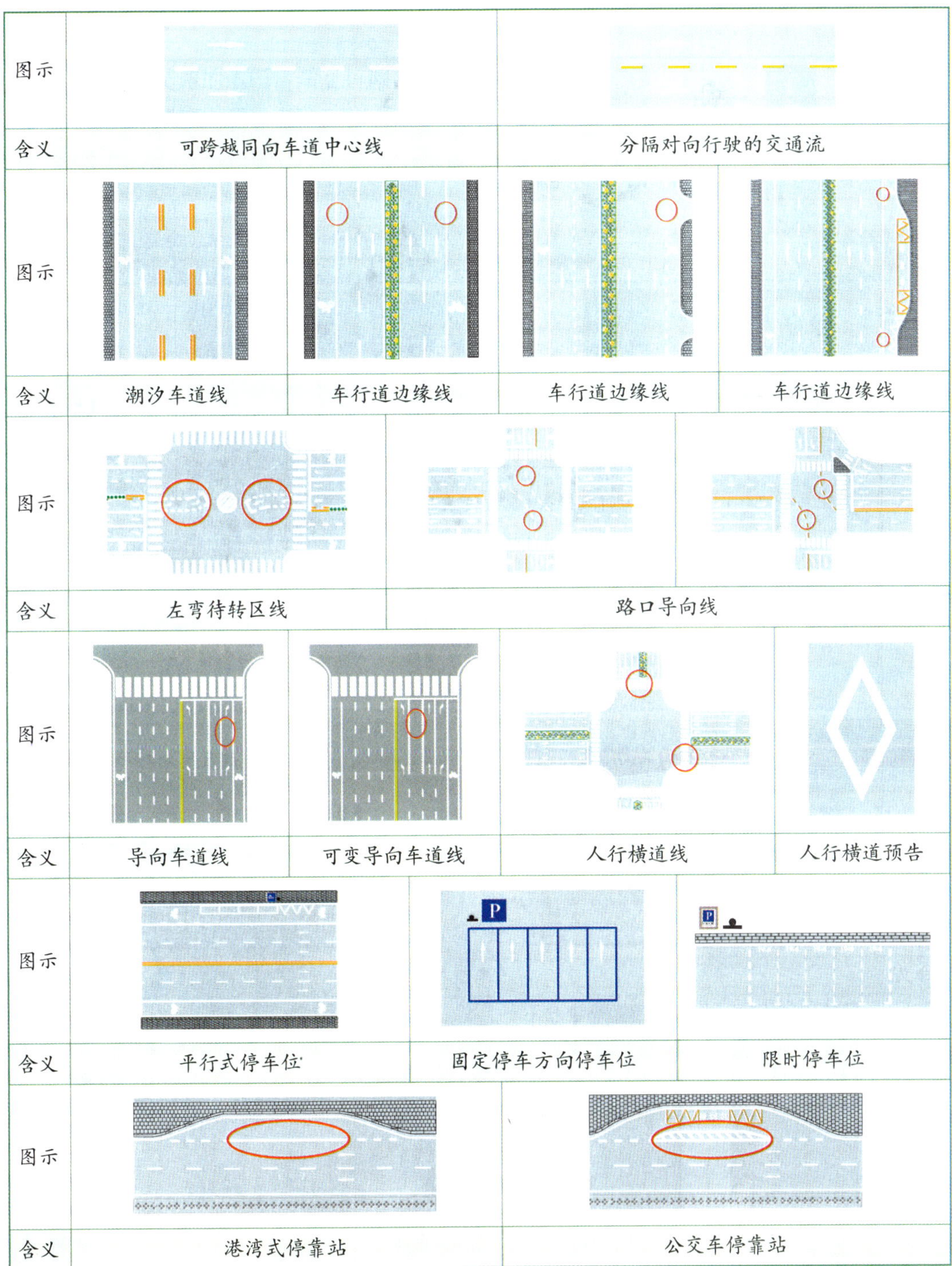

图示				
含义	可跨越同向车道中心线		分隔对向行驶的交通流	
图示				
含义	潮汐车道线	车行道边缘线	车行道边缘线	车行道边缘线
图示				
含义	左弯待转区线	路口导向线		
图示				
含义	导向车道线	可变导向车道线	人行横道线	人行横道预告
图示				
含义	平行式停车位	固定停车方向停车位	限时停车位	
图示				
含义	港湾式停靠站	公交车停靠站		

续上表

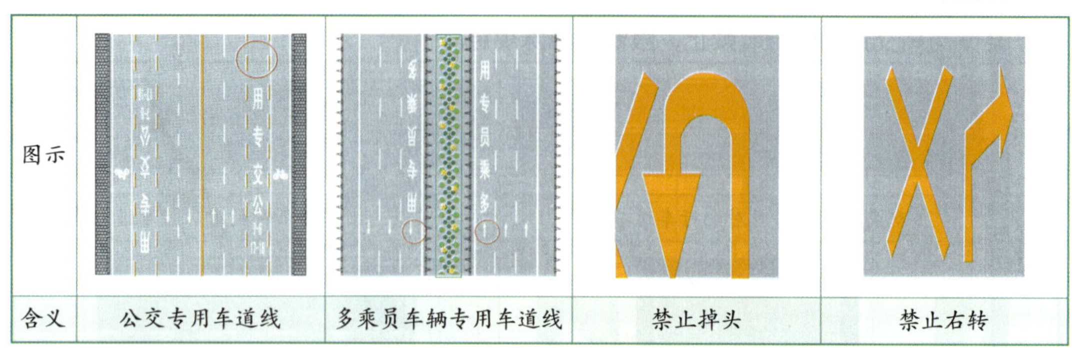

图示				
含义	公交专用车道线	多乘员车辆专用车道线	禁止掉头	禁止右转

3 警告标线

促使车辆驾驶人了解道路上的特殊情况，提高警觉准备应变防范措施。

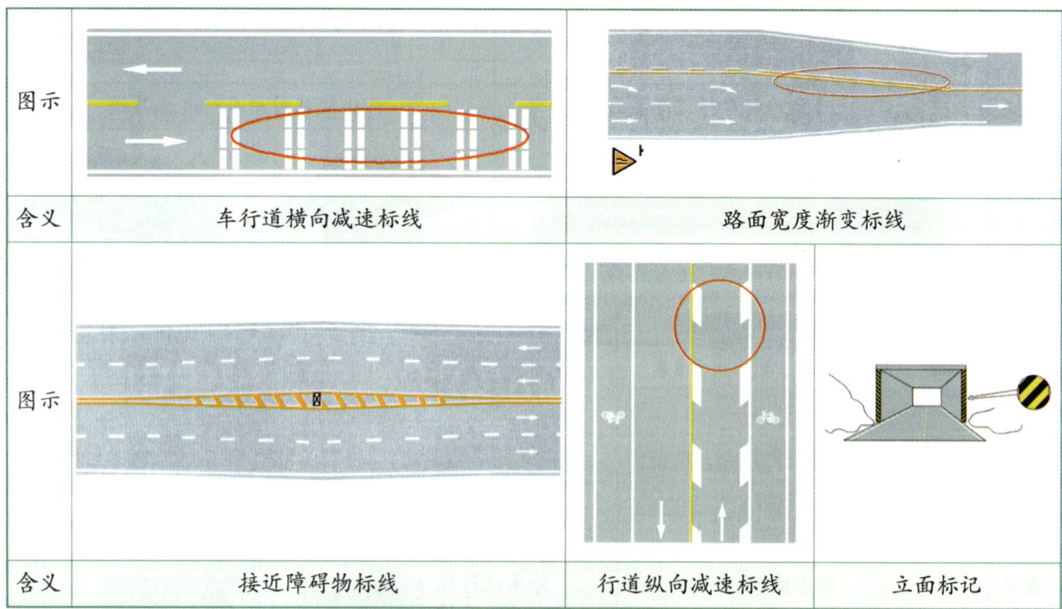

图示			
含义	车行道横向减速标线	路面宽度渐变标线	
图示			
含义	接近障碍物标线	行道纵向减速标线	立面标记

四、交通警察手势

交通警察的指挥分为：手势信号和使用器具的交通指挥信号。在路口遇有交通信号灯和交通警察指挥不一致时，按照交通警察指挥通行。

图示	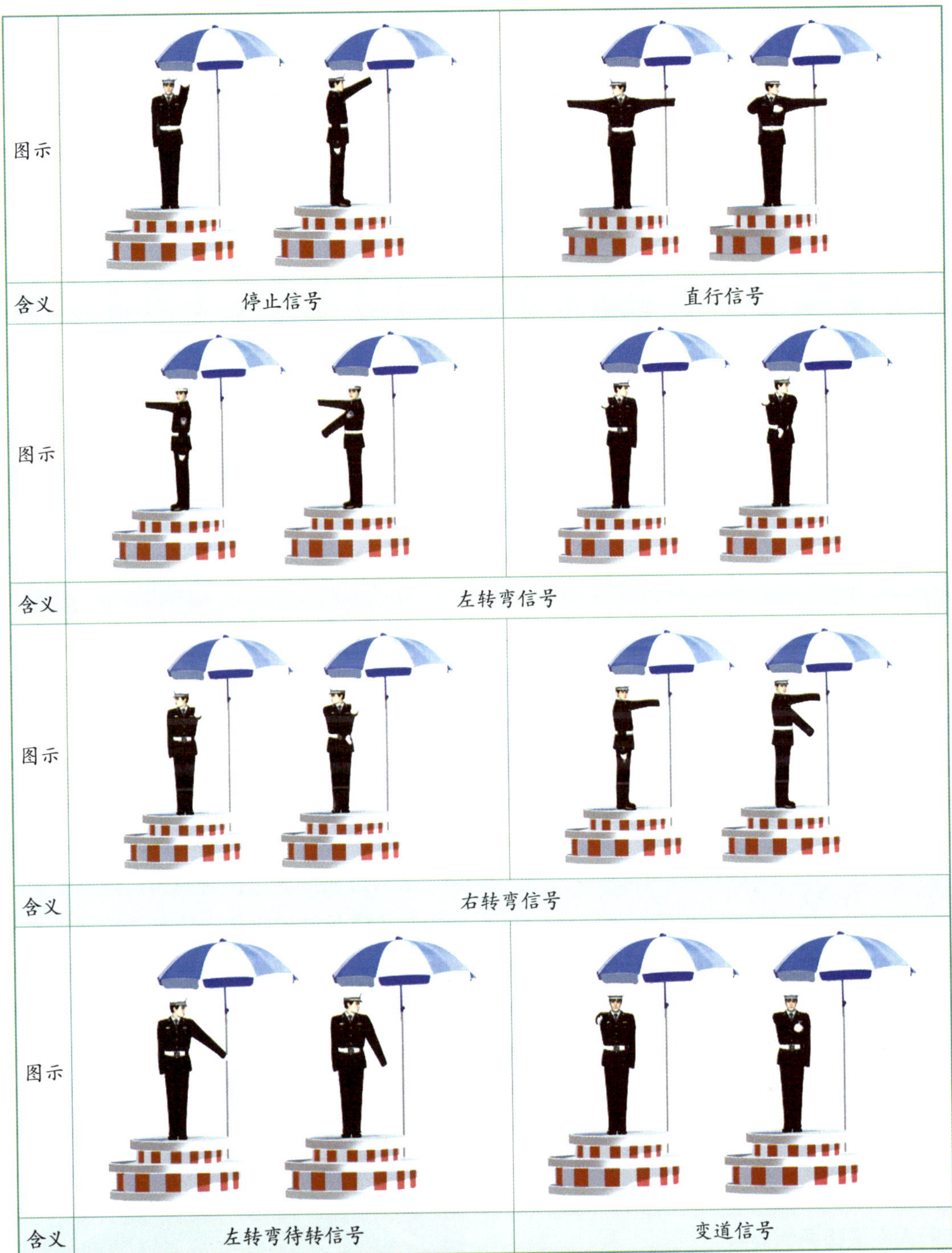	
含义	停止信号	直行信号
图示		
含义	左转弯信号	
图示		
含义	右转弯信号	
图示		
含义	左转弯待转信号	变道信号

续上表

图示	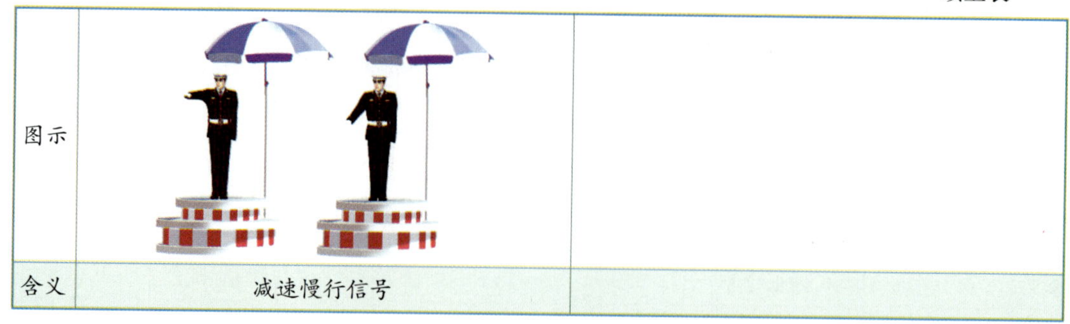	
含义	减速慢行信号	

第三节　道路通行规则

一、道路通行规则

1 基本规则

我国机动车、非机动车实行右侧通行。除有特别规定的车辆，在保证交通安全的原则下不受行驶路线限制的特许之外，所有的机动车都不准逆行，必须右侧通过。为了规范交通秩序，提高通行效率，机动车、非机动车和行人实行分道行驶。

2 无划分车道的道路通行

驾驶机动车在没有中心线道路上行驶，要选择在路中间通行，注意给两侧的非机动车和行人留有充足的通行空间。在没有划分机动车道、非机动车道和人行道的道路上，机动车在道路中间通行，非机动车和行人在道路两侧通行。

3 有划分车道的道路通行

在道路同方向划有 2 条以上机动车道的，左侧为快速车道，右侧为慢速车道。在快速车道行驶的机动车应当按照快速车道规定的速度行驶，未达到快速车道规定行驶速度的，应当在慢速车道行驶。

4 灯光的作用与使用

机动车灯的作用不仅仅是为了在夜间照明，更重要的是提示其他交通参与者。使用转向灯是提示后车和行人，车辆将要变更行驶路线。通过路口，交替使用远近光灯的目的是提示其他交通参与者注意来车。向左转弯、向左变更车道，驶离停车地点及掉头时，提前开启左转向灯是为了提示后车，车辆将要向左变更行驶路线。路口转弯过程中，持续开启转向灯，主要是为了告知其他驾驶人知道车辆正在转弯。

机动车应当按照下列规定使用转向灯：

（1）向左转弯、向左变更车道、准备超车、驶离停车地点或者掉头时，应当提前开启左转向灯；

（2）向右转弯、向右变更车道、超车完毕驶回原车道、靠路边停车时，应当提前开启右转向灯。

（3）机动车在夜间没有路灯、照明不良或者遇有雾、雨、雪、沙尘、冰雹等低能见度情况下行驶时，应当开启前照灯、示廓灯和后位灯，雾天行驶还应当开启雾灯和危险报警闪光灯。但同方向行驶的后车与前车近距离行驶时，不得使用远光灯。

（4）机动车在夜间通过急弯、坡路、拱桥、人行横道或者没有交通信号灯控制的路口时，应当交替使用远、近光灯示意。

（5）机动车在道路上发生故障或者发生交通事故，妨碍交通又难以移动的，应当按照规定开启危险报警闪光灯并在车后50 米至 100 米处设置警告标志，夜间还应当同时开启示廓灯和后位灯。牵引故障车时，牵引车与被牵引的机动车，在行驶中要开启危险报警闪光灯。

5 喇叭的使用

驾驶机动车通过学校和小区应注意观察标志标线，低速行驶，不要鸣喇叭。雾天行车多使用喇叭可引起对方注意，听到对方车辆鸣喇叭，应鸣喇叭回应，以提示对方车辆。雾天通过交叉路口时，适时鸣喇叭、减速通过。为了提示对向交通参与者对方有来车，机动车在驶近急弯、坡道顶端等影响安全视距的路段以及超车或者遇有紧急情况时，应当减速慢行，并鸣喇叭示意。

二、道路通行规定

1 机动车上道路行驶条件规定

驾驶机动车上道路行驶，应当悬挂机动车号牌，放置检验合格标志、保险标志，并随车携带机动车行驶证。

驾驶人驾驶证丢失、损毁、超过有效期、被依法扣留或暂扣，不得驾驶机动车。驾驶人饮酒、服用国家管制的精神药品或者麻醉药品，或者患有妨碍安全驾驶机动车的疾病，或者过度疲劳影响安全驾驶的，不得驾驶机动车。

驾驶拼装的机动车或者已达到报废标准的机动车上道路行驶的，公安机关交通管理部门应当予以收缴，强制报废；对驾驶人处200元以上2000元以下罚款，并吊销机动车驾驶证。

驾驶机动车在道路上违反道路通行规定，必须接受相应的处罚。对违法驾驶造成重大交通事故构成犯罪的驾驶人，依法追究刑事责任。驾驶人造成事故后逃逸构成犯罪的，吊销驾驶证且终生不得重新取得驾驶证。

2 机动车装载规定

机动车载物不得超过机动车行驶证上核定的载质量，装载长度、宽度不得超出车厢，不得遗洒、飘散载运物，严禁超载。重型、中型载货汽车，半挂车载物，高度从地面起不得超过4米，载运集装箱的车辆不得超过4.2米。禁止货运机动车载客，货运机动车需要附载作业人员的，应当设置保护作业人员的安全措施。在城市道路上，货运机动车在留有安全位置的情况下，车厢内可以附载临时作业人员1人至5人。载物高度超过车厢栏板时，货物上不得载人。

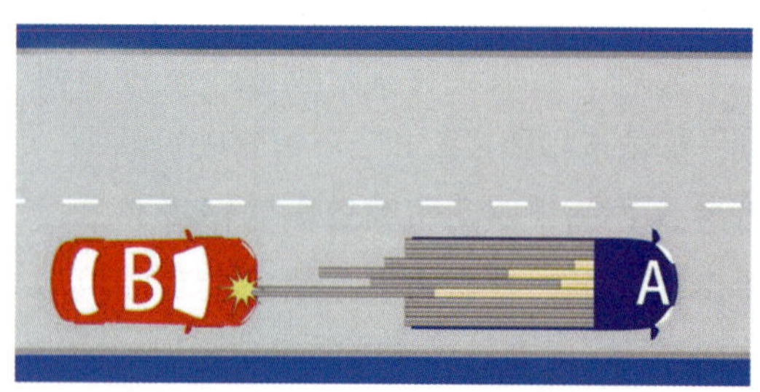

A车装载货物超出车厢，A车负全部责任

货汽车、半挂牵引车只允许牵引1辆挂车。挂车的灯光信号、制动、连接、安全防护等装置应当符合国家标准。载货汽车所牵引挂车的载质量不得超过载货汽车本身的载质量，挂车车厢内严禁载人。全挂拖斗车不得进入高速公路行驶。牵引故障机动车时，牵引车和被牵引车均应当开启危险报警闪光灯。

机动车运载超限的不可解体的物品，影响交通安全的，应当按照公安机关交通管理部门指定的时间、路线、速度行驶，悬挂明显标志。机动车载运爆炸物品、易燃易爆化学物品以及剧毒、放射性等危险物品，应当经公安机关批准后，按指定的时间、路线、速度行驶，悬挂警示标志并采取必要的安全措施。

3 变更车道规定

驾驶机动车在道路同方向划有2条以上机动车道变更车道时，不得影响相关车道内行驶的机动车的正常行驶。车变更车道前，应仔细观察变道一侧车道车流情况，判断有无变更车道的条件。确认没有影响变更车道的安全隐患后，开启转向灯提示其他车辆，缓慢向一侧变更车道。不得迅速转向驶入相应的车道，妨碍同车道机动车正常行驶。

驾驶机动车行车中，遇到右侧有车辆变更车道时，应减速保持间距，注意避让，不得争道抢行或加速不让。进入交叉路口前，在虚线区域选择行驶路线变更车道；进入交叉路口实线区域后，要按照地面标线的指示通行，不得变更车道转弯或掉头。

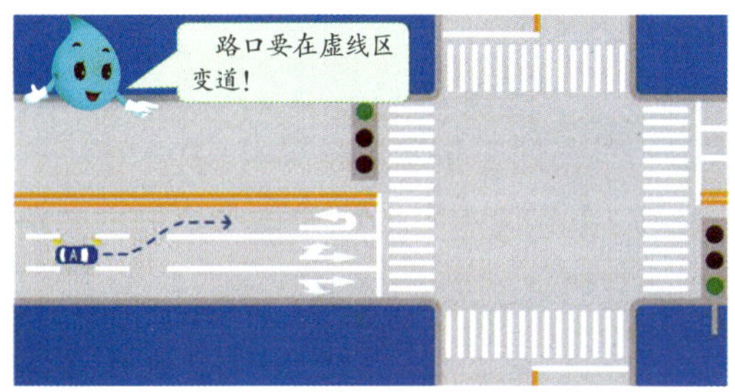

4 跟车距离规定

驾驶机动车在同车道跟车行驶时，应当与前车保持足以采取紧急制动措施的安全距离。跟车行驶，要随时注意观察前车的动态，遇到前车在路口减速或发出转向信号时，要适当减速加大跟车距离。

安全跟车距离

5 超车规定

驾驶机动车超车时，为了提醒后车以及前车驾驶人，应当提前开启左转向灯、变换使用远、近光灯或者鸣喇叭。在确认有充足的安全距离后，从前车的左侧超越（便于观察，有利安全）。超车时，应该尽快超越，减少并行时间。夜间可选择路宽车少地段超车。超车后，在与被超车辆拉开必要的安全距离（从右侧后视镜看到被超车全身时）后，开启右转向灯，驶回右侧原车道。

驾驶机动车超车时，如果无法保证与被超车辆的安全间距，应主动放弃超车。超车过程中遇到对向来车时，继续超车易与对面机动车发生刮擦、相碰，要放弃超车。

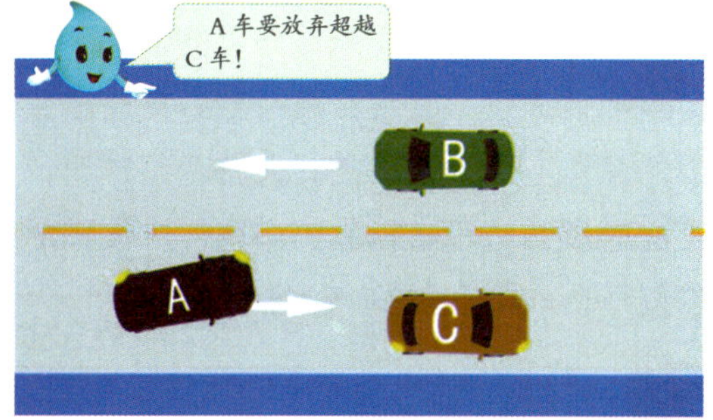

驾驶机动车行经铁路道口、交叉路口时，由于路口内交通情况复杂，易发生交通事故，不得超车。行经窄桥、弯道、陡坡、隧道、人行横道、市区交通流量大的路段等没有超车条件时，不得超车。

遇到前车正在左转弯、掉头、超车或与对面来车有会车可能时，不得超车。不得超越前方执行紧急任务的警车、消防车、救护车、工程救险车。在划有道路中心线的道路上，不得越实线超车。

驾驶机动车在没有道路中心线或者同方向只有1条机动车道的道路上，遇后车发出超车信号时，在条件许可的情况下，应当降低速度、靠右让路，给后车让出足够的超车空间。正在被其他车辆超越时，若此时后方有跟随行驶的车辆，应该稍向右侧行驶，保证横向安全距离。

6 交叉路口通行规定

机动车通过有交通信号灯控制的交叉路口，应当按照下列规定通行：

（1）在划有导向车道的路口，按所需行进方向驶入导向车道；

（2）准备进入环形路口的让已在路口内的机动车先行；

（3）向左转弯时，靠路口中心点左侧转弯。转弯时开启转向灯，夜间行驶开启近光灯；

（4）遇放行信号时，依次通过；

（5）遇停止信号时，依次停在停止线以外。没有停止线的，停在路口以外；

（6）向右转弯遇有同车道前车正在等候放行信号时，依次停车等候；

（7）在没有方向指示信号灯的交叉路口，转弯的机动车让直行的车辆、行人先行。相对方向行驶的右转弯机动车让左转弯车辆先行。

机动车通过没有交通信号灯控制也没有交通警察指挥的交叉路口，还应当遵守下列规定：

（1）有交通标志、标线控制的，让优先通行的一方先行；

（2）没有交通标志、标线控制的，在进入路口前停车瞭望，让右方道路的来车先行；

（3）转弯的机动车让直行的车辆先行；

（4）相对方向行驶的右转弯的机动车让左转弯的车辆先行。

7 限速通行

驾驶机动车上道路行驶，有交通标志标明行驶速度的，按照标明的行驶速度行驶，不得超过限速标志标明的速度。在有限速标志的路段，应该严格遵守限速要求，发现车速超过限速标志的速度时，要及时减速。在没有限速标志的路段，应当保持安全车速。在慢速车道内的机动车超越前车时，可以借用快速车道行驶。

为什么要实行限速通行

驾驶机动车在没有中心线的城市道路上，最高行驶速度是 30 公里 / 小时。在没有中心线的公路上，最高行驶速度为 40 公里 / 小时。在同方向只有 1 条机动车道的城市道路上，最高行驶速度为 50 公里 / 小时。在同方向只有 1 条机动车道的公路上，最高行驶速度为 70 公里 / 小时。

无限速标志道路的限速规定

夜间行驶或者在容易发生危险的路段行驶，以及遇有沙尘、冰雹、雨、雪、雾、结冰等气象条件时，应当降低行驶速度。

机动车行驶中遇有下列情形之一的，最高行驶速度不得超过 30 公里 / 小时：

（1）进出非机动车道，通过铁路道口、急弯路、窄路、窄桥时；

（2）掉头、转弯、下陡坡时；

（3）遇雾、雨、雪、沙尘、冰雹，能见度在 50 米以内时；

（4）在冰雪、泥泞的道路上行驶时；

（5）牵引发生故障的机动车时。

8 会车规定

驾驶机动车在划有道路中心线的道路上会车时，应做到保持安全速度，不越线行驶。在没有中心隔离设施或者没有中心线的道路上，机动车遇相对方向来车时应当减速靠右行驶，并与其他车辆、行人保持必要的安全距离。

会车规定

驾驶机动车在有障碍的路段会车，无障碍的一方先行；但有障碍的一方已驶入障碍路段而无障碍的一方未驶入时，有障碍的一方先行。

驾驶机动车在狭窄的山路会车，靠山

体的一方相对安全，不靠山体的一方优先行驶；在狭窄的坡路会车时，上坡的一方先行；但下坡的一方已行至中途而上坡的一方未上坡时，下坡的一方先行；在狭窄的山路，不靠山体的一方先行。

驾驶机动车夜间会车应当在距相对方向来车 150 米以外改用近光灯，使用远光灯会造成驾驶人出现眩目，易引发危险。夜间在窄路、窄桥与非机动车会车时应当使用近光灯。

9 掉头规定

驾驶汽车需要掉头时，要选择交通流量小、不妨碍车辆和行人正常通行的允许掉头的路段和路口。在有中心虚线的道路上，只要不影响正常交通就可以掉头。在没有禁止掉头或者没有禁止左转弯标志、标线的地点可以掉头，但不得妨碍正常行驶的其他车辆和行人的通行。

路口掉头，应注意观察路口的标志、标线，选择允许掉头的路口，提前开启左转向灯进入掉头导向车道，在路口虚线处缓慢完成掉头。掉头前要停车观察，确认安全后，开启左转向灯，起步掉头。

机动车在有禁止掉头或者禁止左转弯标志、标线的地点以及在铁路道口、人行横道、桥梁、急弯、陡坡、隧道或者容易发生危险的路段，不得掉头。

10 倒车规定

机动车倒车时，应当察明车后情况，确认安全后倒车。倒车时要缓慢行驶，注意观察车辆两侧和后方的情况，随时做好停车准备。在一般道路倒车时，若发现有过往车辆通过，应主动停车避让。不得在铁路道口、交叉路口、单行路、桥梁、急弯、陡坡或者隧道中倒车。

11 铁路道口、渡口通行规定

机动车通过铁路道口时，应当按照交通信号或者管理人员的指挥通行道路与铁路平面交叉道口有两个红灯交替闪烁或者一个红灯亮时，表示禁止车辆、行人通行；红灯熄灭时，表示允许车辆、行人通行。通过没有交通信号或者管理人员的，应当减速或者停车，在确认安全后通过。通过无人看守的铁路道口时，应做到“一停、二看、三通过”。

机动车行经渡口，应当服从渡口管理人员指挥，按照指定地点依次待渡。机动车上下渡船时，应当低速慢行。

12 缓行、拥堵路段或路口通行规定

机动车遇有前方交叉路口交通阻塞时，应当依次停在路口以外等候，不得进入路口。遇有前方交叉路口交通阻塞时，路口绿灯亮也不能驶入交叉路口，应依次停在路口外等候，等前方道路疏通后，且信号灯为绿灯时方可继续行驶。

在遇有前方机动车停车排队等候或者缓慢行驶时，应当依次排队行驶，不得从前方车辆两侧穿插或者超越行驶，不得在人行横道、网状线区域内停车等候。在拥堵路段排队行驶时，遇有其他车辆强行穿插行驶，要主动减速或停车让行。在车道减少的路口、路段，遇有前方机动车停车排队等候或者缓慢行驶的，应当每车道一辆依次交替驶入车道减少后的路口、路段。

13 漫水路、漫水桥通行

水淹路面影响行车安全、不易通行的原因是无法观察到暗坑和凸起的路面。机动车行经漫水路或者漫水桥时，应当停车察明水情，确认安全后，低速通过涉水路段。涉水后，应保持低速行驶，间断轻踩制动踏板，以恢复制动效果。

这种情形要停车察明水情

小知识

驾驶人在行车中经过积水路面时，应特别注意减速慢行。行径两侧有行人和非机动车且有积水的路面时，应减速慢行。

泥泞道路对安全行车的主要影响是车轮极易滑转和侧滑，车辆在泥泞路上制动时，车轮易发生侧滑或甩尾，导致交通事故。车辆行至泥泞或翻浆路段时，应停车观察，选择平整、坚实的路段缓慢通过。

14 避让行人和非机动车

行人参与道路交通的主要特点是行走随意性大、方向多变，喜欢聚集、围观。驾驶机动车行经人行横道时，应当减速行驶，注意观察行人、非机动车动态，确认安全后再通过。遇行人正在通过人行横道，应当停车让行。行驶车道绿灯亮，但车辆前方人行横道仍有行人行走时，等行人通过后再起步。

驶近没有人行横道的交叉路口时，发现有人横穿道路，应该减速或停车让行。行经没有交通信号的道路时，遇行人横过道路，应当避让。

这种情形要停车让行人先行

小知识

驾驶机动车看到有学生列队通过斑马线时，应减速，保持足够间距，随时准备停车。遇列队横过道路的学生时，应停车让行。遇残疾人影响通行时，应主动减速礼让。车辆驶近停在车站的公交车辆时，为预防公交车突然起步或行人从车前穿出，应减速，保持足够间距，随时准备停车。雨天行车，遇撑雨伞和穿雨衣的行人在公路上行走时，提前鸣喇叭，并适当降低车速。

这种情形要停车避让行人

行车中超越同向行驶的自行车时，应注意观察动态，减速慢行，留有足够的安全距离。遇有非机动车准备绕行停放的车辆时，应让其先行。有非机动车抢行时，应减速让行。夜间驾驶车辆遇自行车对向驶来时，应使用近光灯，减速或停车让行。

15 避让特种车、道路养护作业车辆

警车、消防车、救护车、工程救险车执行紧急任务时，其他车辆和行人应当让行。道路养护车辆、工程作业车进行作业时，过往车辆和人员应当注意避让。同车道行驶的机动车，前车为执行紧急任务的警车、消防车、救护车、工程救险车的，不得超车。

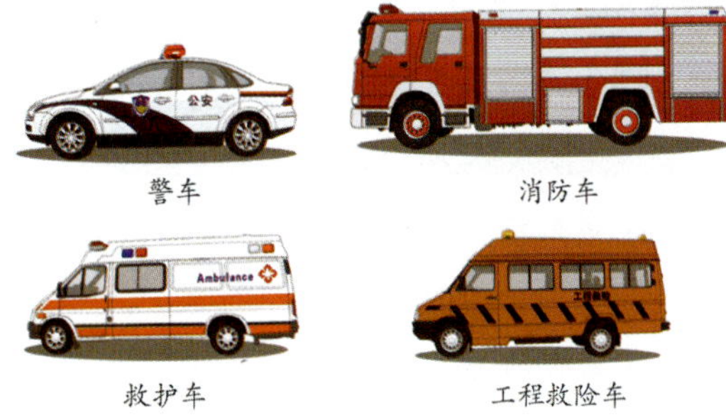

这种情形要及时避让

16 专用车道的要求

道路划设专用车道的，在专用车道内，

只准许规定的车辆通行，其他车辆不得进入专用车道内行驶。专用车道规定的使用时间之外，其他车辆可以进入专用车道行驶。

17 机动车停车规定

机动车应当在规定地点（停车泊位）停放。在道路上临时停车的，不得妨碍其他车辆和行人通行。在道路上临时停车，应当遵守下列规定：

（1）在设有禁停标志、标线的路段，在机动车道与非机动车道、人行道之间设有隔离设施的路段以及人行横道、施工地段，不得停车；

（2）交叉路口、铁路道口、急弯路、宽度不足 4 米的窄路、桥梁、陡坡、隧道以及距离上述地点 50 米以内的路段，不得停车；

（3）公共汽车站、急救站、加油站、消防栓或者消防队（站）门前以及距离上述地点 30 米以内的路段，除使用上述设施的以外，不得停车；

（4）车辆停稳前不得开车门和上下人员，开关车门不得妨碍其他车辆和行人通行；

（5）路边停车应当紧靠道路右侧，机动车驾驶人不得离车，上下人员或者装卸物品后，立即驶离。

18 机动车故障处置规定

机动车在道路上发生故障，需要停车排除故障时，驾驶人应当立即开启危险报警闪光灯，将机动车移至不妨碍交通的地方停放；难以移动的，应当持续开启危险报警闪光灯，并在来车方向设置警告标志等措施扩大示警距离，必要时迅速报警。

机动车在道路上发生故障或者发生交通事故，妨碍交通又难以移动的，应当按照规定开启危险报警闪光灯并在车后 50 米至 100 米处设置警告标志，夜间还应当同时开启示廓灯和后位灯。

三、高速公路通行特殊规定

1 高速公路限速规定

在高速公路上行驶的小型载客汽车最高车速不得超过 120 公里 / 小时，大型货车和重型索引车不得超过 100 公里 / 小时。

同方向有 2 条车道的，左侧车道的最低车速为 100 公里 / 小时；同方向有 3 条以上车道的，最左侧车道的最低车速为 110 公里 / 小时，中间车道的最低车速为车身越长，转弯半径会越大；车身越高、装载的货物越高，转弯时的稳定性会越差。汽车列车转直角弯时，需先判断弯道情况，减速或停车后重新起步，缓慢通过。急转弯时，无论向左或向右，都应降低车速，低速沿车道的外侧通过。汽车列车转弯中，牵引车的尾部或挂车部分要借用对方车道时，要随时做好让车准备。

5 倒车安全驾驶

驾驶机动车倒车时，通过后视镜或转头观察车两侧情况，参照车外的固定目标或其他参照物低速行驶，发现车辆倒车路线偏移，及时进行修正。全挂车倒车时转向盘转动方向与单车倒车方向一致，半挂车倒车时转向盘转动方向与单车倒车方向相反。全挂列车倒车，要避免牵引车与挂车形成较小的角度。

6 夜间安全驾驶

夜间道路环境对安全行车的主要影响是能见度低、不利于观察道路交通情况。夜间行车驾驶人对事物的观察能力明显比白天差，视野受限，视距变短，影响观察，同时注意力高度集中，易产生疲劳。前方出现弯道时，灯光照射会由路中移到路侧。

7 雨天安全驾驶

雨天对安全行车的主要影响是路面湿滑，视线受阻，制动距离增大。行车中使用紧急制动减速时，容易发生侧滑、引发交通事故。在大雨天气行车，为避免发生“水滑”而造成危险，要控制速度行驶。连续降雨天气，山区公路可能会出现路肩疏松和堤坡坍塌现象，行车时应选择道路中间坚实的路面，避免靠近路边行驶。在暴雨天气驾车，刮水器无法刮净雨水时，应立即减速靠边停车。驾驶机动车在滑湿路面制动过程中，发现车辆偏离方向时，及时松抬踏制动踏板。继续踏制动踏板，会导致车辆侧滑，甚至侧翻。

8 雾天安全驾驶

雾天对安全行车的主要影响是能见度低，视线不清。雾天情况下，通过交叉路口时必须开灯、鸣喇叭，减速通过。遇有浓雾或特大雾天能见度过低，行车困难时，应开启危险报警闪光灯和雾灯，选择安全地点停车。

9 冰雪道路安全驾驶

冰雪道路对安全行车的主要影响是制动性能差，方向易跑偏，稳定性降低，加速过急时车轮极易空转或溜滑。冰雪道路行车，由于积雪对光线的反射，极易造成驾驶人目眩而产生错觉。行车时应注意制动距离会延长，在有车辙的路段应循车辙行驶。

10 山区道路安全驾驶

山区道路对安全行车的主要影响是坡长弯急，视距不足。山区道路车辆进入弯道前，在对面没有来车的情况下，应“减速、鸣喇叭、靠右行”。车辆行至道路急转弯处，应充分减速并靠右侧行驶。在山区上坡路驾驶，减挡要及时、准确、迅速，避免拖挡行驶导致发动机动力不足。下长坡连续使用行车制动，会导致制动器温度升高而使制动效果急剧下降。下长坡时，控制车速除了行车制动（踩制动踏板）以外，有效的辅助方法是利用发动机制动。行至上陡坡路段时，为了保证车辆有足够的动力爬坡，需要提前换入低速挡加速上坡。行驶至颠簸路面上时，要提前挂入低速挡，缓抬加速踏板，控制车辆匀速行驶，可以减轻车辆的颠簸。

11 轮胎漏气、爆胎安全应急处置

驾驶机动车发现轮胎漏气时，要缓慢制动减速驶离主车道，减速时不要采用紧急制动，以免造成翻车或后车采取制动不及导致追尾事故。

行车中意识到突然爆胎时，应在控制住方向的情况下，轻踏制动踏板，使车辆缓慢减速，逐渐平稳地停靠于路边。在尚未控制住车速前，不要冒险使用行车制动器停车，以避免车辆横甩发生更大的险情。切忌慌乱中急踏制动踏板，尽量采用“抢挡”的方法，利用发动机制动使车辆减速。

车辆后轮胎爆裂，车尾会摇摆不定，驾驶人应双手紧握转向盘，控制车辆保持直线行驶，减速停车。前轮胎爆裂，危险较大，方向会立刻向爆胎车轮一侧跑偏，直接影响对转向盘的控制。行车中当前轮爆胎已出现转向时，驾驶人应双手紧握转向盘，尽力控制车辆直线行驶，不要过度矫正，在控制住方向的情况下，采取抢挂低速挡、轻踏制动踏板的措施，缓慢减速，尽快平稳停车。车辆下长坡过程中，当遇到制动鼓温度过高时，停在阴凉处自然降温，不要立即用水进行冷却，以免造成制动鼓损坏。

预防爆胎的正确方法是定期检查轮胎、及时清理轮胎沟槽里的异物、更换有裂纹或有很深损伤的轮胎。不能采用降低轮胎气压的方法，轮胎气压过低时，高速行驶轮胎会出现波浪变形、温度升高而导致爆胎。

第四节 违法行为及处罚

一、道路交通安全违法行政强制措施

1 驾驶机动车禁止行为

驾驶机动车不得有下列行为：

（1）在车门、车厢没有关好时行车；

（2）在机动车驾驶室的前后窗范围内悬挂、放置妨碍驾驶人视线的物品；

（3）拨打接听手持电话、观看电视等妨碍安全驾驶的行为；

（4）下陡坡时熄火或者空挡滑行；

（5）向道路上抛撒物品；

（6）连续驾驶机动车超过 4 小时未停车休息或者停车休息时间少于 20 分钟；

（7）在禁止鸣喇叭的区域或者路段鸣喇叭。

2 扣留机动车的情形

有下列情形之一的，公安机关交通管理部门依法扣留车辆：

（1）上道路行驶的机动车未悬挂机动车号牌，未放置检验合格标志、保险标志，或者未随车携带机动车行驶证、驾驶证的；

（2）有伪造、变造或者使用伪造、变造的机动车登记证书、号牌、行驶证、检验合格标志、保险标志、驾驶证或者使用其他车辆的机动车登记证书、号牌、行驶证、检验合格标志、保险标志嫌疑的；

（3）未按照国家规定投保机动车交通事故责任强制保险的；

（4）对发生道路交通事故，因收集证据需要的，可以依法扣留事故车辆。

3 扣留机动车驾驶证的情形

有下列情形之一的，公安机关交通管理部门依法扣留机动车驾驶证：

（1）饮酒后驾驶机动车的；

（2）将机动车交由未取得机动车驾驶证或者机动车驾驶证被吊销、暂扣的人驾驶的；

（3）机动车行驶超过规定时速 50% 的；

（4）驾驶有拼装或者达到报废标准嫌疑的机动车上道路行驶的；

（5）在一个记分周期内累积记分达到 12 分的。

二、道路交通安全违法行为行政处罚

1 违反道通行规定的处罚

驾驶机动车任何违反道路交通安全法的行为，都属于违法行为。机动车驾驶人违反道路交通安全法律、法规关于道路通行规定的，处警告或者 20 元以上 200 元以下罚款。

违反道路交通安全法律、法规的规定，发生重大交通事故，构成犯罪的，依法追究刑事责任。造成交通事故后逃逸的，由公安机关交通管理部门吊销机动车驾驶证，且终生不得重新取得机动车驾驶证。

2 饮酒、醉酒驾车的处罚

饮酒后驾驶机动车的，处暂扣6个月机动车驾驶证，并处1000元以上2000元以下罚款。因饮酒后驾驶机动车被处罚，再次饮酒后驾驶机动车的，处10日以下拘留，并处1000元以上2000元以下罚款，吊销机动车驾驶证。饮酒后驾驶营运机动车的，吊销机动车驾驶证，依法追究刑事责任，5年内不得重新取得机动车驾驶证。醉酒驾驶营运机动车的，由公安机关交通管理部门约束至酒醒，吊销机动车驾驶证，依法追究刑事责任，10年内不得重新取得机动车驾驶证，重新取得机动车驾驶证后，不得驾驶营运机动车。饮酒后或者醉酒驾驶机动车发生重大交通事故，终生不得重新取得机动车驾驶证。

相关知识：

我国司法实践中以血液中酒精含量80毫克/100毫升作为饮酒与醉酒的分界线。每100毫升血液中，酒精含量达到20~79毫克，属于酒后开车；酒精含量达到80毫克以上，属于醉酒驾车。

3 涉及登记证书、号牌、证件、标志违法的处罚

上道路行驶的机动车未随车携带行驶证、驾驶证的，公安机关交通管理部门应当扣留机动车，并处警告或者20元以上200元以下罚款。故意遮挡、污损或者不按规定安装机动车号牌的，处警告或者20元以上200元以下罚款。

伪造、变造或者使用伪造、变造的机动车驾驶证的，由公安机关交通管理部门予以收缴，依法拘留，扣留该机动车，并处200元以上2000元以下罚款；构成犯罪的，依法追究刑事责任。

4 载货机动车违法超载处罚

货运机动车超过核定载质量的，由公安机关交通管理部门扣留机动车至违法状态消除，处200元以上500元以下罚款；超过核定载质量30%或者违反规定载客的，处500元以上2000元以下罚款。

5 超速等其他违法行为处罚

有下列行为之一的，由公安交通管理部门处200元以上2000元以下罚款：

（1）未取得机动车驾驶证驾驶机动车的；

（2）将机动车交由未取得机动车驾驶证的人驾驶的；

（3）造成交通事故后逃逸，尚不构成

议的，应当迅速报警。

机动车发生交通事故，造成道路、供电、通信等设施损毁的，驾驶人应当报警等候处理，不得驶离。

发生死亡事故、伤人事故的，或者发生财产损失事故且有下列情形之一的，当事人应当保护现场并立即报警：

（1）驾驶人有饮酒、服用国家管制的精神药品或者麻醉药品嫌疑的；

（2）机动车无号牌或者使用伪造、变造的号牌的；

（3）当事人不能自行移动车辆的。

公安机关及其交通管理部门接到报警的，应当受理，制作受案登记表并记录下列内容：

（1）报警方式、时间，报警人姓名、联系方式，电话报警的，还应当记录报警电话；

（2）发生或者发现道路交通事故的时间、地点；

（3）人员伤亡情况；

（4）车辆类型、车辆号牌号码，是否载有危险物品以及危险物品的种类、是否发生泄漏等；

（5）涉嫌交通肇事逃逸的，还应当询问并记录肇事车辆的车型、颜色、特征及其逃逸方向、逃逸驾驶人的体貌特征等有关情况。

2 事故现场处置

在道路上发生交通事故，车辆驾驶人应当立即停车，保护现场。因抢救受伤人员变动现场的，应当标明位置。

机动车与机动车发生财产损失事故，当事人应当在确保安全的原则下，采取现场拍照或者标划事故车辆现场位置等方式固定证据后，立即撤离现场，将车辆移至不妨碍交通的地点，再协商处理损害赔偿事宜。

二、道路交通事故处理

1 自行协商事故处理

在道路上发生交通事故，仅造成轻微财产损失，并且基本事实清楚的，当事人应当先撤离现场再进行协商处理。

在道路上发生交通事故，未造成人身伤亡，当事人对事实及成因无争议的，可以即行撤离现场，恢复交通，自行协商处理损害赔偿事宜。

在道路上发生财产损失事故，对应当自行撤离现场而未撤离的，交通警察应当责令当事人撤离现场；造成交通堵塞的，对驾驶人处以200元罚款。

2 事故现场的强制撤离

在道路上发生交通事故后，对应当自

行撤离现场而未撤离的，交通警察应当责令当事人撤离现场；造成交通堵塞的，对驾驶人处以200元罚款。车辆发生轻微剐蹭事故，双方驾驶人争执不下，坚持在原地等待警察来处理，造成路面堵塞，驾驶人的行为会受到罚款处罚。

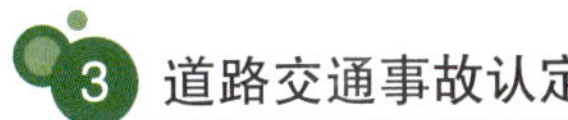

3 道路交通事故认定

机动车之间发生交通事故的，由有过错的一方承担赔偿责任。机动车与非机动车驾驶人、行人之间发生交通事故，机动车一方没有过错的，承担不超过10%的赔偿责任。交通事故的损失是由非机动车驾驶人、行人故意碰撞机动车造成的，机动车一方不承担赔偿责任。当事人故意破坏、伪造现场、毁灭证据的，承担全部责任。

第二章 道路运输法律、法规

第一节　从业资格证件申领与使用

一、从业资格申请条件、程序规定

1 道路运输从业人员条件

经营性道路货物运输驾驶员，应当在从业资格证件许可的范围内从事道路运输活动。经营性道路货物运输驾驶员应当符合下列条件：

（1）取得相应的机动车驾驶证；

（2）年龄不超过 60 周岁；

（3）掌握相关道路货物运输法规、机动车维修和货物装载保管基本知识；

（4）经考核合格，取得相应的从业资格证件。

2 从业资格申请程序

道路普通货物运输驾驶员，经机动车驾驶员培训机构按照《道路货物运输驾驶员培训教学大纲》进行培训，并结业考核合格。驾驶人凭培训《机动车驾驶培训结业证书》（以下简称《结业证书》）和《机动车驾驶证》申领道路货物运输驾驶员从业资格证。设区的市级交通运输主管部门根据驾驶员提供的《结业证书》和相应车型的《机动车驾驶证》，经登记并与驾驶培训监管服务平台或互联网道路运输便民政务服务系统信息比对核实后，颁发道路货物运输驾驶员从业资格证件，并将相应材料存入道路运输从业人员从业资格管理档案。

二、从业资格证件使用规定

1 道路运输从业资格证件使用

从业人员从业资格证件有效期为 6 年。从业人员应当在从业资格证件有效期届满 30 日前到原发证机关办理换证手续。从业人员从业资格证件遗失、毁损的，应当到原发证机关办理证件补发手续。从业人员服务单位变更的，应当到交通运输主管部门办理从业资格证件变更手续。

从业人员违反相关从业资格管理规定且尚未接受处罚的，受理机关应当在其接受处罚后，换发、补发、变更相应的从业资格证。

2 从业资格证件注销

道路货运驾驶员有下列情形之一的，由发证机关注销其从业资格证件：

（1）持证人死亡的；

（2）持证人申请注销的；

（3）年龄超过 60 周岁的；

（4）机动车驾驶证被注销或者被吊销的；

（5）超过从业资格证件有效期 180 日未换证的。

第二节 货运驾驶员从业行为

一、从业行为相关规定和要求

1 从业行为规定和要求

道路运输从业人员应当依法经营，诚实信用，规范操作，文明从业。营运驾驶员应当按照规定驾驶与其从业资格类别相符的车辆。从事道路运输活动时，驾驶员应当携带相应的从业资格证件。从事大型物件运输的车辆，应当按照规定装置统一的标志和悬挂标志旗；夜间行驶和停车休息时应当设置标志灯。严禁驾驶道路货物运输车辆从事经营性道路旅客运输活动。

2 道路危险货物运输从业要求

根据《道路危险货物运输管理规定》，未取得道路危险货物运输许可，不得从事危险货物道路运输。从事道路危险货物运输的驾驶员应当经所在地设区的市级人民政府交通运输主管部门考试合格，并取得相应的从业资格证。危险货物运输驾驶人员上岗时应当随身携带从业资格证。不得将危险货物与普通货物混装运输。

二、超限运输、货物装载有关要求

1 道路超限运输有关要求

运输不可解体物品需要改装车辆的，应当由具有相应资质的车辆生产企业按照规定的车型和技术参数进行改装。超过公路、公路桥梁、公路隧道限载、限高、限宽、限长标准的车辆，不得在公路、公路桥梁或者公路隧道行驶。车辆载运不可解体物品，车货总体的外廓尺寸或者总质量超过公路、公路桥梁、公路隧道的限载、限高、限宽、限长标准，确需在公路、公路桥梁、公路隧道行驶的，从事运输的单位和个人应当向公路管理机构申请公路超限运输许可。

经批准进行超限运输的车辆，应当随车携带超限运输车辆通行证，按照指定的时间、路线和速度行驶，并悬挂明显标志。运输车辆应当按照超限检测指示标志或者公路管理机构监督检查人员的指挥接受超限检测。

2 超限货物装载有关要求

根据《超限运输车辆行驶公路管理规定》，超限运输车辆，是指有下列情形之一的货物运输车辆：

（1）车货总高度从地面算起超过 4 米；

（2）车货总宽度超过 2.55 米；

（3）车货总长度超过 18.1 米。

3 超限运输违法行为处罚

（1）1 年内违法超限运输超过 3 次的货运车辆，由道路运输管理机构吊销其车辆营运证；

（2）1 年内违法超限运输超过 3 次的货运车辆驾驶人，由道路运输管理机构责令其停止从事营业性运输；

（3）未随车携带超限运输车辆通行证的，由公路管理机构扣留车辆，责令车辆驾驶人提供超限运输车辆通行证或者相应的证明；

（4）使用伪造、变造的超限运输车辆通行证的，由公路管理机构没收伪造、变造的超限运输车辆通行证，处 3 万元以下的罚款。

三、从业资格证件撤销、吊销、注销

1 撤销从业资格证件的情形

经营性道路货物运输驾驶员有下列情形之一的，由发证机关撤销其从业资格证件：

（1）身体健康状况不符合有关机动车驾驶和相关从业要求，且没有主动申请注销从业资格的；

（2）发生重大以上交通事故，且负主要责任的；

（3）发现重大事故隐患，不立即采取消除措施，继续作业的。

2 吊销从业资格证件的情形

经营性道路货物运输驾驶员有下列情形之一的，由发证机关吊销其从业资格证件，从业资格证件被吊销的，3 年内不得重新参加从业资格考试：

（1）身体健康状况不符合有关机动车

驾驶和相关从业要求且没有主动申请注销从业资格的；

（2）发生重大以上交通事故，且负主要责任的；

（3）发现重大事故隐患，不立即采取消除措施，继续作业的。

3 注销从业资格证件的情形

道路运输从业人员有下列情形之一的，由发证机关注销其从业资格证件：

（1）持证人死亡的；

（2）持证人申请注销的；

（3）经营性道路货物运输驾驶员、道路危险货物运输从业人员年龄超过60周岁的；

（4）经营性道路货物运输驾驶员、危险货物运输驾驶员机动车驾驶证被注销或者被吊销的；

（5）超过从业资格证件有效期180日未申请换证的。

四、道路运输驾驶员诚信考核有关规定

1 诚信考核等级与计分

根据《道路运输驾驶员诚信考核办法》，道路运输驾驶员诚信考核等级分为优良、合格、基本合格和不合格，分别用AAA级、AA级、A级和B级表示。诚信考核内容包括安全生产情况、遵守法规情况、服务质量情况。

根据《道路运输驾驶员诚信考核办法》，诚信考核实行计分制，考核周期为12个月，满分为20分，从道路运输驾驶员初次领取从业资格证件之日起计算。一个考核周期内的计分予以清除，不转入下一个考核周期。例如，驾驶未按规定维护、检测的车辆，从事道路运输经营活动的，一次计3分。

《道路运输驾驶员诚信考核办法》规定，道路运输驾驶员在诚信考核周期内累计计分达到20分者，应接受诚信考核教育。道路运输驾驶员在考核周期内累计计分达到20分，且未按照规定参加培训的，道路运输管理机构将会把其列入黑名单，并向社会公告。

2 诚信考核等级评定

AAA级标准：

（1）上一考核周期的诚信考核等级为AA级及以上；

（2）考核周期内累计计分分值为0分。

AA级标准：

（1）未达到AAA级的考核条件；

（2）上一考核周期的诚信考核等级为A级及以上；

（3）考核周期内累计计分分值未达到

10 分。

A 级标准：

（1）未达到 AA 级的考核条件；

（2）考核周期内累计计分分值未达到 20 分。

B 级标准：考核周期内累计计分有 20 分及以上记录的。

3 诚信考核内容

道路运输驾驶员诚信考核内容包括：

（1）安全生产情况：安全生产责任事故情况；

（2）遵守法规情况：违反道路运输相关法律、行政法规、规章的有关情况；

（3）服务质量情况：服务质量事件和有责投诉的有关情况。

道路运输驾驶员有下列情形之一的，道路运输主管部门将其列入黑名单，并向社会公告：

（1）在考核周期内累计计分达到 20 分，且未按照规定参加继续教育培训的；

（2）无正当理由超过规定时间，未签注诚信考核等级的；

（3）从业资格证件被吊销的。

道路运输经营者应当加强对诚信考核等级为 B 级的道路运输驾驶员的教育和管理。对存在重大安全隐患的，应当及时调离驾驶员工作岗位。

五、道路运输驾驶员继续教育

1 继续教育的内容和形式

根据《道路运输驾驶员继续教育办法》，道路货物运输驾驶员继续教育周期为 2 年，在每个周期接受继续教育的时间累计应不少于 24 学时。继续教育培训内容包括道路运输相关政策法规、职业道德和安全业务知识。

2 继续教育的组织和实施

根据《道路运输驾驶员继续教育办法》，从业人员继续教育坚持以具有一定规模的道路运输企业实施为主的原则。不具备条件的运输企业和个体运输驾驶员的继续教育工作，由其他继续教育机构承担。道路运输企业要组织和督促本单位的道路运输驾驶员参加继续教育，并保证道路运输驾驶员参加继续教育的时间，提供必要的学习条件。道路运输驾驶员完成继续教育并经相应道路运输管理机构确认后，道路运输管理机构应当及时在其从业资格证件和从业资格管理档案内予以记载。继续教育的确认可采取考核或学时认定等方式。

3 继续教育的监督检查

根据《道路运输驾驶员继续教育办法》，道路运输管理机构要加强道路运输驾驶员继续教育情况的检查，并将驾驶员参加继续教育的情况纳入诚信考核的内容。道路运输驾驶员在其从业资格证件有效期内，未按规定完成继续教育的，补充完成继续教育后办理换证手续。

六、道路货物运输违法行为及处罚

1 违法处罚规定

违反《中华人民共和国道路运输条例》规定的处罚方式有罚款、没收违法所得，吊销许可证件，构成犯罪的，依法追究刑事责任。

有下列情形之一的，由县级以上道路运输管理机构依法处罚：

（1）未取得道路运输经营许可，擅自从事道路运输经营的；

（2）不符合规定条件的人员驾驶道路运输经营车辆的；

（3）货运经营者非法转让、出租道路运输许可证件的；

（4）危险货物运输经营者未按规定投保承运人责任险的；

（5）货运经营者不按照规定携带车辆营运证的；

（6）货运经营者没有采取必要措施防止货物脱落、扬撒等的；

（7）货运经营者不按规定维护和检测运输车辆的。

2 道路运输经营者违规处罚

道路运输经营者违反《道路运输车辆技术管理规定》，有下列行为之一的，县级以上道路运输管理机构应当责令改正，给予警告；情节严重的，处以1000元以上5000元以下罚款：

（1）道路运输车辆技术状况未达到《道路运输车辆综合性能要求和检验方法》的；

（2）使用报废、擅自改装、拼装、检测不合格以及其他不符合国家规定的车辆从事道路运输经营活动的；

（3）未按照规定的周期和频次进行车辆综合性能检测和技术等级评定的；

（4）未建立道路运输车辆技术档案或者档案不符合规定的；

（5）未做好车辆维护记录的。

3 危险货物路运输违法行为处罚

有下列情形之一的，由县级以上道路运输管理机构责令停止运输经营，有违法所得的，没收违法所得，处违法所得2倍以上10倍以下的罚款；没有违法所得或者违法所得不足2万元的，处3万元以上10万元以下的罚款；构成犯罪的，依法追究刑事责任：

（1）未取得道路危险货物运输许可，擅自从事道路危险货物运输的；

（2）使用失效、伪造、变造、被注销等无效道路危险货物运输许可证件从事道路危险货物运输的；

（3）超越许可事项，从事道路危险货物运输的；

（4）非经营性道路危险货物运输单位从事道路危险货物运输经营的。

第三节　从业人员权利、义务

一、道路货物运输驾驶员的权利与义务

1 从业人员安全生产的权利和义务

《中华人民共和国安全生产法》明确规定了从业人员的安全生产权利义务，生产经营单位的从业人员有依法获得安全生产保障的权利，并应当依法履行安全生产方面的义务。《中华人民共和国劳动法》规定，用人单位应当依法建立和完善规章制度，保障劳动者享有劳动权利和履行劳动义务。从业人员员享有依法获得安全生产保障的权利，并应该依法履行安全生产义务，必须执行依法制定的保障安全生产的国家标准或者行业标准。

道路货物运输驾驶员要保障运输安全，需要具备必要的安全生产知识，熟知相关规章制度和操作规程，掌握本岗位安全驾驶操作技能，了解事故预防及应急处理措施，知悉自身的安全生产权利义务。

2 道路货物运输驾驶员的权利

《中华人民共和国劳动法》规定，劳动者享有平等就业和选择职业的权利、取得劳动报酬的权利、休息休假的权利、获得劳动安全卫生保护的权利、接受职业技能培训的权利、享受社会保险和福利的权利、提请劳动争议处理的权利以及法律规定的其他劳动权利。

根据《中华人民共和国安全生产法》的规定，道路货物运输驾驶员应享有以下权利：

（1）对本单位安全生产工作中存在的问题提出批评、检举、控告；

（2）拒绝违章指挥和强令冒险作业；

（3）发现直接危及人身安全的紧急情况时，停止作业或者在采取可能的应急措施后撤离车辆；

（4）因生产安全事故受到损害后，除依法享有工伤保险外，依照有关民事法律尚有获得赔偿的权利的，有权向本单位提出赔偿要求。

3 道路货物运输驾驶员的义务

《中华人民共和国劳动法》规定，劳动者应当完成劳动任务，提高职业技能，执行劳动安全卫生规程，遵守劳动纪律和职业道德。道路货物运输驾驶员应该履行完成劳动任务、提高职业技能、执行劳动安全卫生规程、遵守劳动纪律和职业道德等劳动义务。

根据《中华人民共和国安全生产法》规定，道路货物运输驾驶员应履行以下义务：

（1）严格遵守安全生产规章制度和岗位安全操作规程，服从管理；

（2）接受安全生产教育和培训，掌握本职工作所需的安全生产知识，提高安全生产技能，增强事故预防和应急处理能力；

（3）发现事故隐患或不安全因素，立即向现场安全生产管理人员本单位负责人报告；

（4）运输过程中按照规定佩戴和使用运输企业提供的劳动防护用品，确保运输过程中自身安全；

（5）发现本企业存在事故隐患或者其他不安全因素时，不得直接处理，应该立即向现场安全生产管理人员和本单位负责人报告。

4 道路运输驾驶员反恐防范与应对义务

《中华人民共和国反恐怖主义法》规定，任何单位和个人都有协助、配合有关部门开展反恐怖主义工作的义务，发现恐怖活动嫌疑或者恐怖活动嫌疑人员的，应当及时向公安机关或者有关部门报告。

道路货物运输驾驶员应当配合企业，实行安全查验制度，对客户身份进行查验，依照规定对货物进行安全检查或者开封验视。依法履行协助、配合有关部门开展反恐怖主义工作的义务。

道路货物运输驾驶员遇到恐怖事件的做法是保持冷静、安全第一，小心谨慎、仔细应对，见机行事、及时报警，做好记录、保护现场。记住恐怖分子的显著特征，找机会发出求援信息，时刻做好防范准备。报警时，提供受困人员详细信息、恐怖分子详细信息，可依靠的有利条件等。

二、道路运输驾驶员劳动合同

1 劳动合同签订

根据《中华人民共和国安全生产法》的规定，道路货物运输驾驶员与道路运输企业订立劳动合同时，确认载明防止职业危害、保障劳动安全、办理工伤保险等事项。用人单位与劳动者协商一致，可以变更劳动合同约定的内容。变更劳动合同，应当采用书面形式。

劳动合同应当具备以下条款：

（1）用人单位的名称、住所和法定代表人或者主要负责人；

（2）劳动者的姓名、住址和居民身份

证或者其他有效身份证件号码；

（3）劳动合同期限；

（4）工作内容和工作地点；

（5）工作时间和休息休假；

（6）劳动报酬；

（7）社会保险；

（8）劳动保护、劳动条件和职业危害防护。

2 劳动合同解除

用人单位有下列情形之一的，道路货物运输驾驶员可以依法解除劳动合同：

（1）未按照劳动合同约定提供劳动保护或者劳动条件的；

（2）未及时足额支付劳动报酬的；

（3）未依法为劳动者缴纳社会保险费的；

（4）用人单位的规章制度违反法律、法规的规定，损害劳动者权益的。

不得解除劳动合同的情形：

（1）道路运输驾驶员患职业病或者因工负伤并被确认丧失或者部分丧失劳动能力、患病或者负伤，在规定的医疗期内、女职工在孕期、产期、哺乳期内的情形；

（2）道路运输企业不能因驾驶员因工负伤被确认部分丧失劳动能力、驾驶员患病在规定的医疗期内，解除与驾驶员的劳动合同。

3 劳动合同终止

有下列情形之一的，劳动合同终止：

（1）劳动合同期满的；

（2）劳动者开始依法享受基本养老保险待遇的；

（3）劳动者死亡，或者被人民法院宣告死亡或者宣告失踪的；

（4）用人单位被依法宣告破产的；

（5）用人单位被吊销营业执照、责令关闭、撤销或者用人单位决定提前解散的；

（6）法律、行政法规规定的其他情形。

第四节　道路货物运输经营

一、货物运输经营有关规定

1 道路货物运输经营条件

申请从事货运经营的，应当具备下列条件：

（1）有与其经营业务相适应并经检测合格的车辆；

（2）有符合条例规定条件的驾驶人员；

（3）有健全的安全生产管理制度。

2 道路货物运输经营要求

国家鼓励货运经营者实行封闭式运输，保证环境卫生和货物运输安全。货运经营者应当加强对车辆的维护和检测，确保车辆符合国家规定的技术标准；不得使用报废的、擅自改装的和其他不符合国家规定的车辆从事道路运输经营。不得运输法律、行政法规禁止运输的货物、存在重大安全隐患的货物、客户拒绝安全查验的货物。法律、行政法规规定必须办理有关手续后方可运输的货物，应当查验有关手续。道路货物运输驾驶员应当遵守道路运输操作规程，载物的长、宽、高不得违反装载要求，严禁超载。货运经营者应当制定有关交通事故、自然灾害以及其他突发事件的道路运输应急预案。

二、大件运输相关规定

1 行驶公路规定

经批准进行大件运输的车辆，行驶公路时应当遵守下列规定：

（1）采取有效措施固定货物，按照有关要求在车辆上悬挂明显标志，保证运输安全；

（2）按照指定的时间、路线和速度行驶；

（3）车货总质量超限的车辆通行公路桥梁，应当匀速居中行驶，避免在桥上制动、变速或者停驶；

（4）大件运输车辆及装载物品的有关情况应当与《超限运输车辆通行证》记载的内容一致；

（5）需要在公路上临时停车的，除遵守有关道路交通安全规定外，还应当在车辆周边设置警告标志，并采取相应的安全防范措施；需要较长时间停车或者遇有恶劣天气的，应当驶离公路，就近选择安全区域停靠。

2 违法运输处罚

根据《超限运输车辆行驶公路管理规定》，大件运输车辆有下列情形之一的，视为违法超限运输：

（1）未经许可擅自行驶公路的；

（2）车辆及装载物品的有关情况与《超限运输车辆通行证》记载的内容不一致的；

（3）未按许可的时间、路线、速度行驶公路的；

（4）未按许可的护送方案采取护送措施的。

第三章 机动车基本知识

第一节 车辆结构常识

一、车辆基本构成及各组成部分基本功能

1 车辆基本构成

车辆主要是由发动机、底盘、车身和电气设备四部分组成。发动机产生的动力，经过离合器、变速器、传动轴、减速器、差速器和半轴传给驱动轮，驱动汽车行驶。

2 车辆组成部分的基本功能

发动机将燃料燃烧产生的热能转变为机械能，为汽车行驶提供动力。汽车底盘主要由传动系、行驶系、转向系和制动系组成，传动系接受发动机输出的动力传递给行驶系，行驶系再将接受的动力转化为驱动力，驱动汽车行驶；转向系控制车辆的行驶方向，制动系控制车辆减速停车。

货车车身主要是为货物装载提供空间，承载车辆所有部件安装的载体。电气设备主要有电源、发电机、照明与信号装置、仪表装置、刮水器、洗涤器、起动机及电子控制装置等组成。

二、道路运输车辆改装相关知识

1 货运车辆非法改装

非法改装道路运输车辆，是指未经有关部门批准，擅自改变已获得《道路运输证》车辆的结构、构造或者特征。非法改装道路运输车辆，将破坏车辆本身的结构和性能，给车辆行驶带来安全隐患，同时会造成道路运输市场的不公平竞争，不利于道路运输市场健康协调发展，危害很大。

2 非法改装货运车辆的情形

非法改装货运车辆主要包括：

（1）擅自改变车辆类型或用途。擅自将客车改为货车、货车改为客车、普通货车改为专用货车、专用货车改为普通货车；

（2）擅自改变车辆颜色。擅自将驾驶室和车身改为与原车辆不同的外观颜色；

（3）擅自改变车辆外廓尺寸或者承载限值。擅自加高、加宽、加长、拆除货厢拦板或者增加车辆外廓尺寸；擅自增加或者减少轮胎数量；擅自增加或者减少车轴数量。

第二节　车辆主要安全装置

一、常见安全装置

1 仪表

速度和里程表：速度表指示汽车行驶速度，单位为千米 / 小时（km/h），速度表指针所指的数字显示当前车辆的行驶速度。里程表累计行驶总里程数以千米（km）为单位。

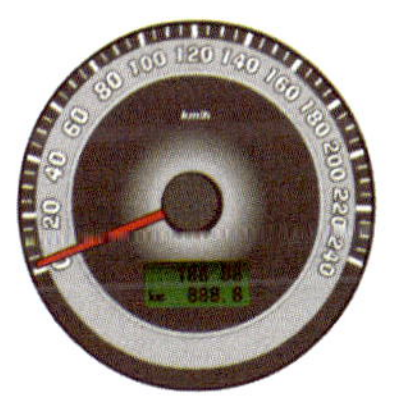

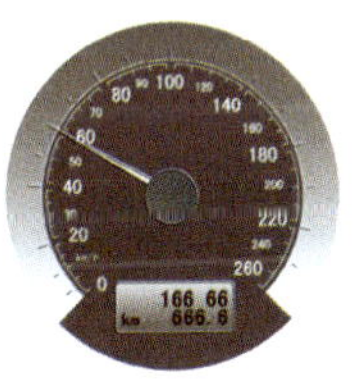

发动机转速表：转速表用于指示发动机的转速，单位为 1000 转 / 分（1000r/min）；转速表指针所指的数字显示当前发动机转速。

水温表：水温表用于指示发动机冷却液的温度，单位为℃。“*C*”表示温度低，“*H*”表示温度高，水温表指针所指的位置显示当前冷却液的温度。

燃油表：燃油表用于指示油箱内的燃油量。“*E*”表示空，“1/2”表示一半，“*F*”表示满。当指针指在红色警告线以内时，提示燃油箱内燃油不足。

2 指示灯

各种指示灯的含义

标识	灯亮含义	标识	灯亮含义
	车灯总开关		空气滤清器堵塞
	前雾灯开启		燃油滤清器堵塞
	后雾灯开启	Ad Blue	柴油机尾气处理液（尿素液）位过低
	前后位置灯开启		变速器处于低挡位置
	远光灯开启	ASR	驱动防滑系统起作用
	近光灯开启		前风窗玻璃刮水器及洗涤器开关
	右转向指示灯开启		车门中控锁开关
	左转向指示灯开启		轮间差速锁接合
	驻车制动器处于制动状态		轴间差速锁接合
	燃油箱内燃油已到最低液面		灯具故障或制动灯断丝
	启用冷风暖气风扇		发动机预热装置工作
	前风窗玻璃刮水器开关		缓速器工作
	制动液液面过低		

3 报警灯

各种报警灯的含义

标识	灯亮含义	标识	灯亮含义
	发动机机油压力过低或机油量不足		发动机温度过高
	冷却液不足		制动系统出现异常或故障

续上表

标识	灯亮含义	标识	灯亮含义
	充电电路故障或发电机不向蓄电池充电		主车防抱死制动系统出现故障
	发动机控制系统故障		挂车防抱死制动系统出现故障
	危险报警闪光灯（故障停车信号灯）开启		电控空气悬架系统故障
	没系安全带或安全带插头未插好		驾驶室在翻转中或锁止不到位
	变速箱油温过高		排放系统故障
	挂车未连接上或未锁死时		变速箱故障
	辅助制动工作		

4 安全头枕

调整座椅

座椅安全头枕在发生追尾事故时，能有效保护驾驶人和乘车人的颈部不受伤害。调整安全头枕高度时，保持头枕中心与后脑中心平齐，才能发挥保护作用。

5 安全带

系、松安全带

座椅安全带在汽车发生碰撞或紧急制动时，固定驾乘人员位置，减轻对驾乘人员的伤害。驾驶人、乘车人在汽车行驶前，系好安全带是最有效的自我保护方法。货运车辆驾驶人座椅和前排乘员座椅都装备汽车安全带。

6 安全气囊

安全气囊是一种辅助驾乘人员保护装置。车辆发生正面碰撞时，只有安全气囊配合安全带的双重保护，才能充分发挥对驾乘人员的保护作用。

7 防抱死制动装置

汽车紧急制动时，防抱死制动系统（ABS）可自动控制和调节每个车轮的制动力，防止车轮抱死，在提供最大制动力的同时能使车前轮保持转向能力。采取制动措施时，感觉到制动踏板发生振颤，是ABS正常的工作特性。车辆紧急制动时，可用力踏制动踏板，但在紧急制动的同时转向，车轮还可能侧滑。另外，在冰雪路面上紧急制动时，ABS无法有效缩短制动距离。

二、货物运输车辆的安全防护装置

1 车辆安全防护装置

货车和挂车后部、侧面应设有符合要求的车身反光标识，后部的车身反光标识能体现车后部的高度和宽度。半挂牵引车应在驾驶室后部上方设置能体现驾驶室宽度和高度的车身反光标识，其他货车应在后部设置车身反光标识。所有货车（半挂牵引车、多用途货车除外）、货车底盘改装的专项作业车和挂车应在侧面设置车身反光标识。侧面的车身反光标识长度应大于等于车长的50%。

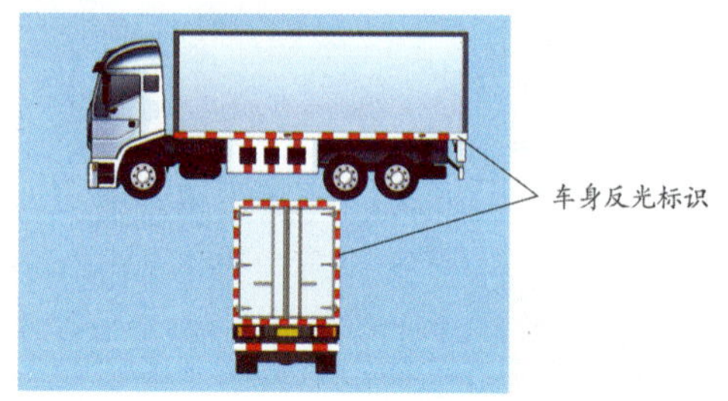

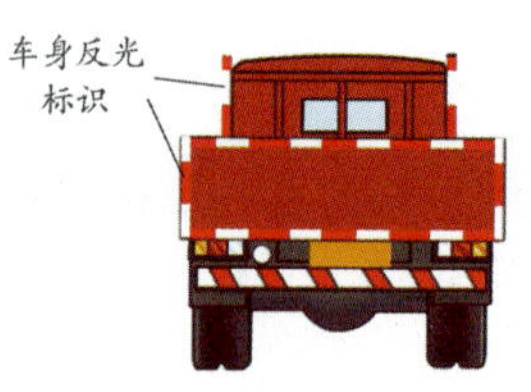

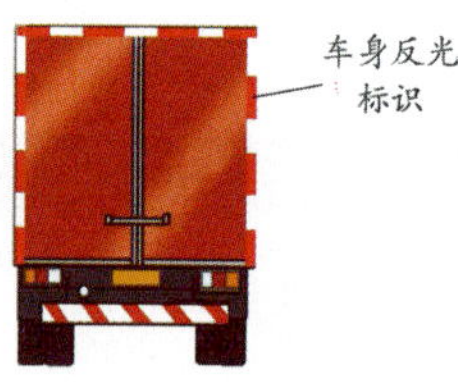

总质量大于7500千克的平头货车，应在车前至少设置一面前下视镜或相应的监视装置。总质量大于3500千克的货车（半挂牵引车除外）和挂车应提供防止人员卷入的侧面防护装置。货车列车的货车和挂车之间应提供防止人员卷入的侧面防护装置。侧面防护装置不可增加车辆的总宽度。总质量大于3500千克的货车（半挂牵引车除外）和挂车（长货挂车除外）的后下部应装备符合规定的后下部防护装置，该装置对追尾碰撞的机动车应有足够的阻挡能力，以防止发生钻入碰撞。后下部防护装置的宽度不可大于车辆后轴两侧车轮最外点之间的距离（不包括轮胎的变形量），其下边缘离地高度不可影响车辆的通行能力。

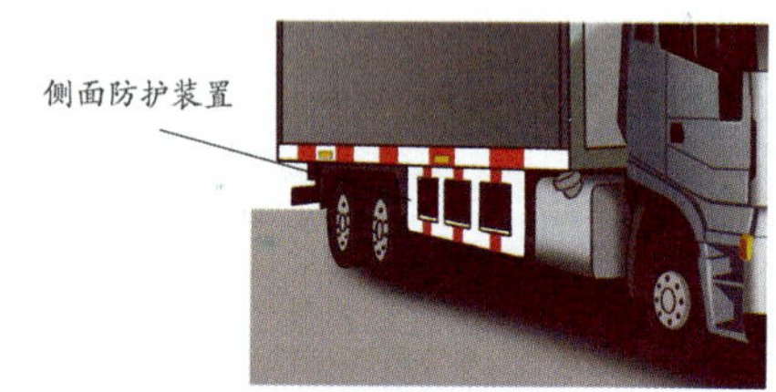

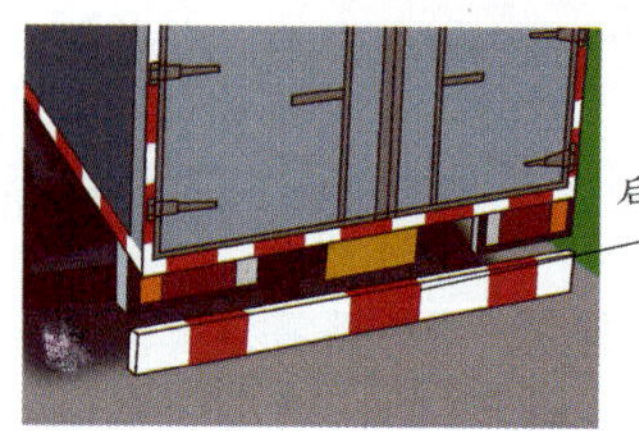

载货汽车车厢前部应安装比驾驶室高

70 ~ 100 毫米的安全架（自卸车、载质量 1000 千克以下的载货汽车除外）。

在寒冷地区营运的车辆的前风窗玻璃应装有除雾、除霜装置。燃油箱及燃油管路应坚固牢靠，不致因振动和冲击而发生损坏和漏油现象；车厢内不允许装设燃油供给系统；燃油箱的加油口及通气口应保证在车辆晃动时不漏油。

2 车载安全装置技术要求

道路货运车辆的安全带应可靠有效，安装位置应合理，固定点有足够的强度。车外后视镜和前下视镜易于调整，并能有效保持调整后的位置。驾驶室内风窗玻璃处，设置防止阳光直射而使驾驶员产生眩目的装置，且该装置在汽车发生碰撞时，不会对驾驶员造成伤害。所有车窗玻璃，不得张贴镜面反光太阳膜。

道路运输车辆必须装备的安全防护装置有三角警告标志、灭火器，灭火器在车上应安装牢靠并便于取用。总质量大于 3500kg 的货车，还应装备至少 2 个停车楔（如三角垫木）。

第三节 驾驶操纵机构

一、操纵装置

1 转向盘

转向盘是操纵车辆行驶方向的装置。转向盘通过转向机构控制转向轮向右、向左转动，从而改变汽车行驶方向。操纵转向盘时，双手握在转向盘两侧盘缘，食指到小指四个指头由内向外自然地握住，拇指自然按住转向盘。

2 踏板

汽车踏板有离合器踏板、制动踏板、加速踏板。

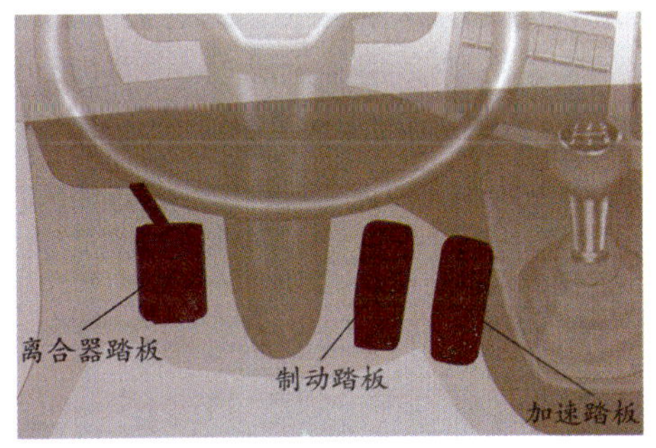

离合器踏板用于切断或传递发动机与变速器之间的动力，踩下离合器踏板，离合器分离，动力被切断；抬起离合器踏板，离合器接合，动力被传递。

制动踏板用于汽车减速和停车。踩下制动踏板，产生制动作用，实现减速或停车；

抬起制动踏板，制动解除。

加速踏板用于控制进入发动机汽缸内燃油混合气的量。踩下加速踏板，发动机转速提高，动力增加。抬起加速踏板，发动机转速和动力下降。

制动踏板的操作

加速踏板的操作

3 手动操纵装置

手动操纵装置主要有变速器操纵杆、驻车制动器操纵杆。

操纵手动变速器操纵杆，变换变速器内不同齿轮的啮合，可改变汽车的动力、速度和进退方向。

拉起驻车制动器操纵杆，起制动作用，可以实现汽车可靠停住而不溜动。向上提的同时放下操纵杆，制动解除。

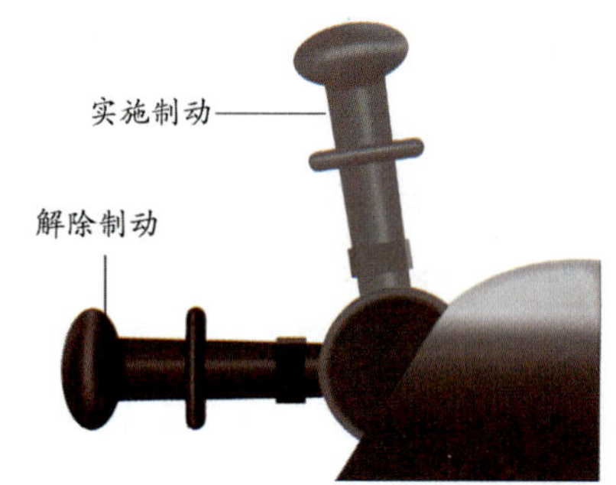

二、开关、仪表

1 点火开关

点火开关用于接通或切断起动机、点火和电器线路。点火开关一般设有0或LOCK、I或ACC、II或ON、III或START四个位置。START位置起动机起动；I或ACC位置，发动机关闭，其他车用电器可正常使用；ON位置，发动机工作；LOCK位置，发动机熄火，拔出钥匙转向盘会锁住。

2 灯光、信号组合开关

灯光、信号组合开关，可控制前照灯（远光灯和近光灯）、转向灯、示廓灯、雾灯和信号灯光。打开开关，旋转到标识灯光的图案，相应的灯点亮。将开关向上提，右转向灯亮。将开关向下拉，左转向灯亮。

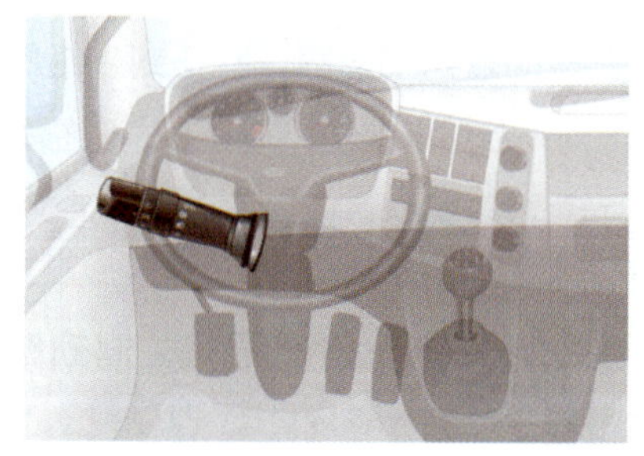

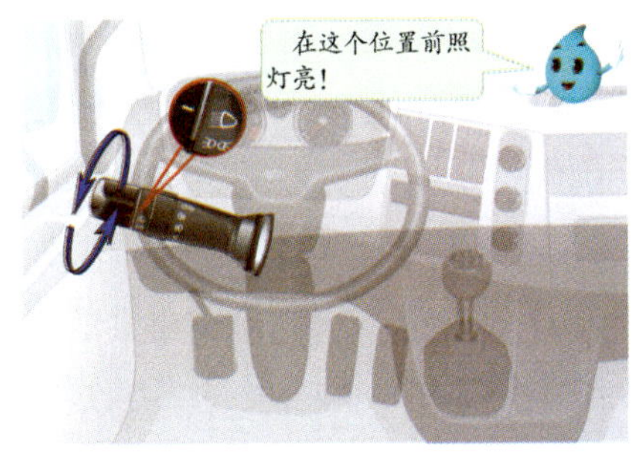

第四节 车辆性能与车辆维护

一、车辆性能

1 车辆性能与安全行车的关系

车辆性能主要包括动力性、燃油经济性、制动性、操纵稳定性、平顺性及通过性等，与行车安全最密切的是制动性、操纵稳定性和通过性。

2 制动性与安全行车的关系

制动性主要指标是制动效能、制动效能的恒定性、制动时的方向稳定性。制动效能指的是车辆迅速降低车速直至停车的能力。制动器抵抗热衰退和水衰退的能力，称为制动效能的恒定性。车辆在制动过程中维持直线行驶的能力或按预定弯道行驶的能力称为制动时的方向稳定性。车辆制动性差，遇到突发情况不能实现有效减速、平稳制动，甚至跑偏、侧滑，极易诱发交通事故。

3 操纵稳定性与安全行车的关系

操纵稳定性是指车辆抵抗力图改变其位置或行驶方向的外界影响的能力。操纵稳定性不良的车辆常常会引起侧滑或翻车。

4 通过性与安全行车的关系

通过性是指汽车在一定载质量条件下，能够以足够高的平均速度通过各种坏路、无路地带和克服各种障碍的能力。通过性的主要指标是最小离地间隙、接近角、离去角、纵向通过角、最小转弯直径、内轮差等。通过性差的车辆越野行驶时，可能出现车辆中间底部（或车头、车尾）触碰地面、转不过弯或轮胎打滑而无法通行的情况。

二、车辆检查和维护

1 车辆日常检查

道路货物运输驾驶员要做好出车前、

行车中、收车后的车辆检查。出车前，要检查车辆的技术状况、安全部位和货物装载等情况，发现安全隐患及时排除。运输中停车休息时，需要检查车辆有无漏油、漏水、漏气现象，胎压是否正常，胎面有无异物，发动机、制动鼓有无过热现象。收车后，需要检查车辆、清洁车辆、记录车辆行驶情况。

2 车辆维护

道路运输车辆的维护分为日常维护、一级维护和二级维护。汽车日常维护由驾驶员在每日出车前、行车中和收车后负责执行的车辆维护作业。一级维护和二级维护是由维修企业负责按期进行执行的车辆维护作业。道路运输车辆日常维护作业的中心内容是清洁、补给和安全性能检视。一级维护作业中心内容是除日常维护外的清洁、润滑、紧固，并检查有关制动、操纵等系统中安全部件。二级维护作业中心内容是除一级维护作业外，以检查和调整转向操纵系、制动系、悬架等安全部件，并拆检轮胎，进行轮胎换位，检查调整发动机工作状况和汽车排放相关系统。

第五节　车辆运行材料

一、运行材料使用常识

1 燃油

汽车燃油分为汽油和柴油两种。加注汽油、柴油时，应当根据车辆使用说明书要求选用规定牌号的汽油或柴油。

2 发动机润滑油

发动机润滑油俗称“机油”，分为冬季用机油、非冬季用机油和多级机油（四季通用）三类。添加机油时，按照车辆使用说明书 要求选用和定期更换规定牌号的机油，不同牌号的机 油不能混用。

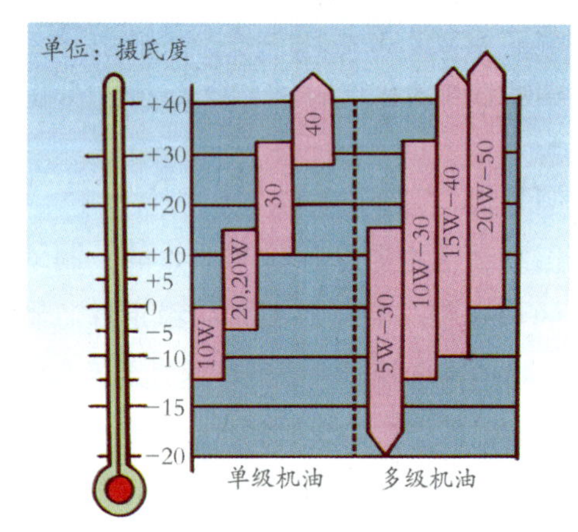

3 冷却液

冷却液是由蒸馏水与防冻剂按一定比例配制而成的，要按照车辆使用说明书要求选用和定期更换规定牌号的冷却液，不同牌号的冷却液 不能混用。

4 风窗玻璃清洗液

风窗玻璃清洗液俗称“玻璃水”，主要由蒸馏水、清洁剂和酒精配制而成，分为夏季用和冬季用两种类型，添加时要根据气温情况来选用，要尽量避免混用不同牌号的清洗液。

二、轮胎的使用

1 轮胎使用寿命的影响因素

影响轮胎使用寿命的因素有轮胎气压、轮胎负荷、行驶速度、道路条件。轮胎气压过高、前轮定位失准、严重超载或偏载、轮毂变形等，都会使轮胎磨损加剧，都影响轮胎的使用寿命。

（1）轮胎气压过高，会使轮胎的胎冠中磨损加剧，导致轮胎刚性增大；

（2）轮胎气压过低，会加剧轮胎的胎冠两侧磨损，导致胎面接地面积变大；

（3）双胎并装的车轮，双胎中一个轮胎气压过低，会对另一个轮胎造成影响；

（4）车辆严重超载，会加剧轮胎磨损，轮胎容易龟裂、爆胎；

（5）起步平稳、平缓制动、合理控制车速的驾驶操作，都能延长轮胎的使用寿命；

（6）高速行驶会使胎温急剧升高，胎体刚性增大，导致胎面磨损增加。

2 轮胎的正确使用方法

（1）轮胎搭配使用时，同轴不混装新胎和旧胎、同轴不混装高压胎和低压胎、同轴不混装子午线轮胎和斜交轮胎；

（2） 同一车轴上装用的轮胎必须同厂牌、同规格、同花纹、同气压标准；同一车轴上高压胎与低压胎、新胎与旧胎不得混装，子午线和斜交轮胎不得混装；

（3）转向轮轮胎花纹深度低于 3.2 毫米、后轮轮胎花纹深度低于 1.6 毫米等情况时，要更换轮胎；

（4）经常高速行驶的汽车不宜选用加深花纹和横向花纹的轮胎；经常低速行驶的汽车宜选用加深花纹或超深花纹的轮胎；经常在山区道路行驶的车辆应选择耐磨、稳定性好、散热好的轮胎；

（5）经常对轮胎气压进行检查和补气，保持正常的轮胎气压；

（6）防止超载。载货严格遵守额定的载质量，不得超载、偏载；

（7）更换新胎时，要经过动平衡测试，调整合格，前轴换新胎要成双更换。

第六节 货车列车

一、货车列车制动、连接与分离装置

1 货车列车制动系

货车列车行车制动系的匹配，应保证满载状态下牵引车（或挂车）制动力与列车制动力的比值大于等于牵引车（或挂车）质量与汽车列车质量的比值的90%。牵引车拖带挂车时，挂车必须装有有效的制动装置。当挂车与牵引车意外脱离后，挂车应能自行制动，牵引车的制动仍应有效。

2 货车列车连接与分离装置

牵引车与被牵引车的连接装置应坚固耐用，牵引车和被牵引车连接装置的结构应能确保相互牢固的连接，货车列车牵引杆孔、牵引座牵引销的规格应与其挂车总质量相匹配。牵引车和被牵引车的连接装置上应装有防止机动车在行驶中因振动和撞击而使连接脱开的安全装置。牵引连接件、牵引杆孔、牵引座牵引销、连接钩及环形孔等机械连接件不应有可视裂痕，其磨损极限尺寸应符合有关规定。

二、牵引车与挂车的连接与分离

1 牵引车与挂车连接前检查

牵引车与挂车连接前，要检查连接装置是否安全可靠，有无受损件或脱落件。检查并清除牵引车牵引鞍座表面及挂车牵引销和牵引销板面上的沙土、灰尘或其他异物，并检查是否有足够的润滑脂，如果润滑脂不足应进行增补。然后检查操纵牵引鞍座锁止机构使锁止块张开，并确保锁止快张开成自由状态，挂车车轮是否垫稳，支撑是否牢固，装载的货物能否保证不会移动。

2 牵引车与挂车连接

第一步：操作支撑装置，使挂车牵引销板与牵引车牵引鞍座高度相适应，保证挂

车的牵引销板比牵引车牵引鞍座的上平面中心位置低 1 ~ 3 厘米。

第二步：向后倒牵引车，车速应当尽量保持缓慢，牵引车与挂车中心线力求保持一致，两车中心线偏移量限于 4 厘米以内。牵引车鞍座口对准牵引销后缓慢倒至听到“咔嗒”声响后，锁止块回位时，牵引车与挂车成功牵引。

第三步：连接半挂车时，使牵引车的牵引座与挂车的牵引销连接后，将锁止杆置于锁止位置。连接全挂车时，将牵引车的牵引钩与挂车挂钩连接好，并将牵引钩锁止好。

第四步：连接制动管路接头、灯用电缆插头等，收起挂车的支撑腿。检查挂车气压是否达到正常值，转向灯以及尾灯是否正常工作。

3 牵引车与挂车的分离

牵引车与挂车的分离

第一步：选择能支承住挂车质量的硬实平整地面停车，让牵引车与挂车成一条直线。将挂车的车轮进行固定，使其不能溜动。

第二步：分离半挂车时，先降下挂车支承装置，使挂车支承装置与地面充分接触，保证两个支承装置受力均匀。然后关闭充气管路开关，断开制动管路接头和灯用电缆插头，并放在相应位置固定，开启牵引座锁止机构，将牵引车驶离挂车。

第四章 道路货物运输相关知识

第一节 道路货物运输基本知识

一、货物运输的特点及分类

1 货物运输的特点

道路货物运输经营是指为社会提供公共服务、具有商业性质的道路货物运输活动。道路货物运输是以载货车辆为主要工具，将货物运抵目的地的活动。道路货物运输是向货物托运人提供服务的过程，运输形式方便灵活，运输过程快捷、方便、安全，可根据托运人的要求，实现“门到门”服务。道路货物运输，既适合于中短途运输，也能在一定程度上满足长距离运输的需求。

2 货物运输的分类

道路货物运输分为不同的运输类型，包括道路普通货物运输、道路货物专用运输、道路大型物件运输、道路危险货物运输。

道路普通货物运输：货物性质普通，对运输车辆没有特殊要求的货物运输，形式主要有整车货物运输、零担货物运输。

道路专用货物运输：使用集装箱、冷藏保鲜设备、罐式容器等专用车辆进行的货物运输。

道路大型物件运输：运载具有超长、超高、超宽或质量超重等特点的大型物件的运输。

道路危险货物运输：使用特殊车辆进行易燃、易爆、有强烈腐蚀性等危险物品的特种运输。

二、货物运输车辆主要类型与技术特点

1 道路货物运输车辆主要类型

道路货物运输车辆，是符合车辆安全技术条件和《道路运输车辆技术管理规定》，配发《道路运输证》的货运机动车。主要有普通货物运输车型、道路货物专用运输车型、道路大型物件运输车型和道路危险货物运输车型。

根据《道路运输车辆技术管理规定》，道路不同货物运输车辆取得《道路运输证》，自首次经国家机动车辆注册登记主管部门登记注册的，每 12 个月进行 1 次检测和评定。道路货物运输驾驶员不得擅自改变已获得道路运输证车辆的结构和特征。

根据《道路运输车辆技术管理规定》，从事道路运输经营的货物运输车辆的外廓尺寸、轴荷和最大允许总质量应当符合《道路车辆外廓尺寸、轴荷及质量限值》的要求。国际道路运输车辆，技术等级应当达到一级。

2 货物运输车辆主要技术条件

从事道路货物运输的车辆安全技术条件应符合《机动车运行安全技术条件》《营运货车安全技术条件》《危险货物道路运输车辆安全技术条件》。《机动车运行安全技术条件》规定了机动车及总成、安全防护装置等有关安全的基本技术条件，适用于在我国道路上行驶的所有机动车。

机动车在车身前部外表面的易见部位上应至少装置一个能永久保持的与车辆品牌相适应的商标或厂标。

发动机应能起动，怠速稳定，机油压力和温度正常。发动机功率应大于等于标牌（或产品使用说明书）标明的发动机功率的 75%。

货运车辆正常行驶时，转向轮转向后应有一定的回正能力（允许有残余角），以使机动车具有稳定的直线行驶能力。装有转向助力装置的货运车辆，转向时其转向助力功能不应出现时有时无的现象，且转向助力装置失效时仍应具有用转向盘控制机动车的能力。

3 货物运输车辆主要技术要求

货运车辆应设置足以使其减速、停车和驻车的制动系统或装置，且行车制动的控制装置与驻车制动的控制装置应相互独立。

半挂牵引车应在驾驶室后部上方设置能体现驾驶室的宽度和高度的车身反光标识，其他货车应在后部设置车身反光标识。

货运车辆应配备符合规定的三角警告牌，三角警告牌在车上应妥善放置。总质量大于 3500 千克的货车，还应装备至少 2 个停车楔（如三角垫木）。装备的灭火器在车上应安装牢靠并便于取用。

4 道路运输车辆技术档案管理

根据《道路运输车辆技术管理规定》，道路运输经营者应当建立车辆技术档案制度，实行一车一档。档案内容应当主要包括：车辆基本信息，车辆技术等级评定、车辆维护和修理、车辆主要零部件更换、车辆变更、行驶里程、对车辆造成损伤的交通事故等记录。车辆所有权转移、转籍时，车辆技术档案应当随车移交。

5 道路运输车辆维护要求与车辆检测

根据《道路运输车辆技术管理规定》，

车辆维护分为日常维护、一级维护和二级维护。日常维护由驾驶员实施，一级维护和二级维护由道路运输经营者组织实施。道路运输经营者可以对自有车辆进行二级维护作业，保证投入运营的车辆符合技术管理要求，无需进行二级维护竣工质量检测。道路货物运输车辆的技术等级应该达到二级以上。道路运输经营者应当结合车辆类别、车辆运行状况、行驶里程、道路条件、使用年限等因素，自行确定车辆维护周期，确保车辆正常维护。

三、货物运输基本环节与运输质量要求

1 运输合同的订立

货运合同一经签订，便具有法律约束力，双方均应履行。签订货物运输合同后，承运人必须履行按照约定线路运输货物、在约定时间内送达货物、将货物安全运输到约定地点的义务。签订一次性运输合同时，合同成立的凭证是运单。

道路货物运单是承运人与托运人之间，为运输货物而签订的一种运输合同凭证。道路货物运单的作用是运输合同成立的凭证、承运人接受、保管、交付货物的凭证、记录车辆运行和作业统计的原始凭证、划清承、托、收三方责任的依据。

2 货物受理

承运人受理货物时，核对实际货物与运单记载的货物名称、数量、包装方式是否相符。发现货物与运单填写不符或可能危及运输安全的，不得办理交接手续。发现货物未按规定包装，应该请托运人按规定重新包装。承运包装不良，但不影响装卸和行车安全的货物时，应在运单上注明，以明确责任。发现货物包装贴有危险标志、货物包装破损，根据相关规定，应拒绝承运。

3 货物的运输安全

为保证运输质量，道路货物运输驾驶员要按规定对车辆进行检查，确保车辆技术状况良好。为了避免运输事故和货损货差，保证货物完好无损的地运达目的地，驾驶员要进行运行前、运输途中、卸货前的货物装载情况安全检查。货物装载检查有运输前检查、运输途中检查、停车休息时检查、到达目的地检查，确保装载符合要求，保证货物安全无被盗、丢失、脱落、扬撒、泄漏等情况，安全实现实现“门到门”服务。

4 货物卸载及交接。

货物运达承、托双方约定的地点后，道路货运驾驶员负责与收货人做好交接工作，发现货损货差，与收货人共同编制货运事故记录，交接双方在货运事故记录上，签字确认。货物交接时，承托双方对货物

的质量和内容有质疑，均可提出查验与复磅。货物卸载后，货物的存放要遵守货物存放要求，分为按货物性质分类存放、按货物的流向存放、按照重不压轻的原则存放。

四、危险货物道路运输禁止、限定、豁免知识

1 道路危险货物运输车辆车型限制规定

（1）禁止使用报废的、擅自改装的、检测不合格的、车辆技术等级达不到一级的和其他不符合国家规定的车辆从事道路危险货物运输；

（2）严禁使用货车列车从事危险货物运输；

（3）倾卸式车辆只能运输散装硫黄、萘饼、粗蒽、煤焦沥青等危险货物；

（4）禁止使用移动罐体（罐式集装箱除外）从事危险货物运输；

（5）禁止使用罐式专用车辆或者运输有毒、感染性、腐蚀性危险货物专用车辆运输普通货物；

（6）运输危险货物结束后，被污染过的车辆及工具，按规范的方法到具备条件的地点进行车辆清洗消毒处理。

2 危险货物安全运输规定

危险货物安全运输相关规定如下：

（1）出车前对车辆进行检查，检查车辆轮辋有无裂纹变形、螺栓是否完整紧固；

（2）运输剧毒化学品等有规定运行路线和时间的危险货物运输车辆，要按照既定的路线和时间运行，不得随意改变；

（3）驾驶人员一次连续驾驶 4 小时应休息 20 分钟以上，24 小时内实际驾驶车辆时间累计不得超过 8 小时；

（4）运输民用爆炸物品、烟花爆竹和剧毒、放射性等危险物品时，应当按照公安机关批准的路线、时间行驶；

（5）高速公路上行驶速度不得超过 80 公里 / 小时，在其他道路上行驶速度不得超过 60 公里 / 小时；

（6）需在高速公路服务区停车的，驾驶人、押运人员应当按照有关规定采取相应的安全防范措施。

3 例外、有限数量危险货物豁免规定

符合《危险货物有限数量及包装要求》以及《危险货物例外数量及包装要求》，可以与其他危险货物、普通货物混载，未达到一定数量的可以按照普通货物运输。

（1）运输前托运人应当在托运清单中注明例外数量危险货物及包件的数量。

（2）例外数量、有限数量危险货物包件可以与其他危险货物、普通货物混合装载，但有限数量危险货物包件不得与爆炸品混合装载。

（3）运输车辆载运例外数量危险货物包件数不超过 1000 个或者有限数量危险货

严禁大蒜油和茶叶拼装、普通货物和剧毒货物拼装。装载成件包装货物时，应排列整齐、紧密。

货物运输驾驶员协助并监督装卸人员按规程装载，发现潮湿发热的货物时终止装载，装载完后检查货物是否超限超载。

二、常见货物捆扎、固定及货物包装

1 货物捆扎、固定方法

货运车辆装载和加固要符合规定，货物的正确摆放、合理的捆扎和加固，使货物装载均衡、稳定、合理的分布，可以保证在运输途中不发生移动、滚动、倾覆、倒塌或坠落等情况，确保完整、安全、迅速、合理，经济地运输货物。

固定能够承受压力且不会压缩变形的单件货物，适合使用横（纵）向下压捆绑法。固定原木、钢板等长条、成垛堆码的货物，适合使用整体捆绑法。货物拉牵固定法通常用于加固大件货物。货物捆绑不得有缺陷、不得损坏货物。

2 货物包装储运图示标志

货物运输包装是指使用适当的材料或容器并采用一定的技术，对货物在流通过程中加以保护的方法或手段，有效避免货物在一般外力作用或自然条件下发生破坏、变质、损失，将货物安全、完整、迅速地运至目的地，具有保障货物运输安全、便于装卸储运、加速交接点验等功能。

（1）易碎物品标志——表明运输包装件内装易碎品，搬运时应小心轻放；

（2）禁用手钩标志——表明搬运运输包装件时禁用手钩；

（3）向上标志——表明运输包装件在运输时应竖直向上；

（4）怕晒标志——表明运输包装件不能直接照晒；

（5）怕辐射标志——表明该物品一旦受辐射会变质或损坏；

（6）怕雨标志——表明包装件怕雨淋；

（7）重心标志——表明该包装件的重心位置，便于起吊；

（8）禁止翻滚标志——表明搬运时不能翻滚该运输包装车；

（9）此面禁用手推车标志——表明搬运货物时此面禁止放在手推车上；

（10）禁用叉车标志——表明不能用升降叉车搬运的包装件；

（11）由此夹起标志——表明装运货物时可用夹持的面；

（12）此处不能卡夹标志——表明装卸货物时此处不能用夹持的面；

（13）堆码质量极限标志——表明该运输包装件所能承受的最大质量极限；

（14）堆码层数极限标志——表明相同包装件的最大堆码层数（含该包装件），n 表示层数极限；

（15）禁止堆码标志——表明该包装件只能单层放置；

（16）由此吊起标志——表明起吊货物时挂绳索的位置；

（17）温度极限标志——表明该运输包装件应该保持的温度范围。

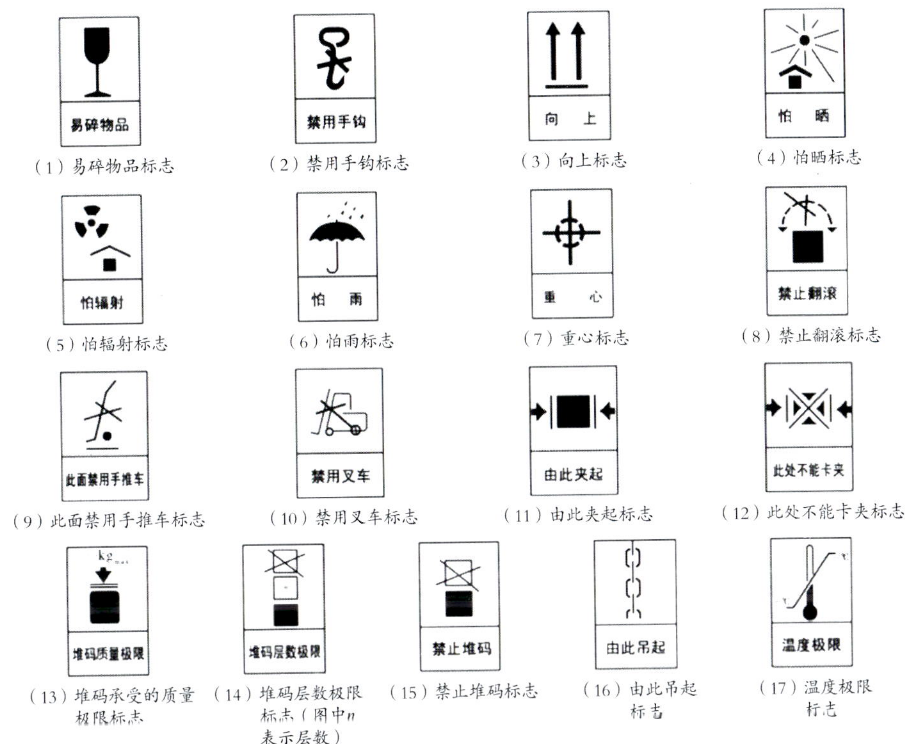

（1）易碎物品标志　（2）禁用手钩标志　（3）向上标志　（4）怕晒标志　（5）怕辐射标志　（6）怕雨标志　（7）重心标志　（8）禁止翻滚标志　（9）此面禁用手推车标志　（10）禁用叉车标志　（11）由此夹起标志　（12）此处不能卡夹标志　（13）堆码承受的质量极限标志　（14）堆码层数极限标志（图中n表示层数）　（15）禁止堆码标志　（16）由此吊起标志　（17）温度极限标志

三、运输途中货物装载检查

1 运输途中物装载检查内容

为保证货物运输质量，避免运输过程出现货物掉落、遗洒或飘散及其他货损货差的情况，道路货物运输驾驶员应该在运输过程中经常检查货物捆扎、固定等情况，确保装载符合要求，货物完好，无丢失、损坏、变质、污染、烧毁、被盗等事故。

2 运输途中货物装载检查方法

道路货运驾驶员在运输途中，要随时通过后视镜观察货物的装载情况，长距离运输中应到服务区对货物进行检查，每次停车休息都要对货物的装载情况进行检查，避免因车辆颠簸出现固定不牢引起的货物掉落、遗洒或飘散情况。运输过程中做好装载检查的目的是防止货物变质、短缺、损失、腐烂、丢失等。

第二部分
场地与道路驾驶

第一章 场地驾驶

第一节 倒 桩

一、大型货车（B2）倒桩

驾驶车辆进行倒车入库、移位和出库训练，培养在实际道路驾驶时，正确判断车身行驶空间位置、操控车辆完成倒车或前进通过空间限位障碍的能力。

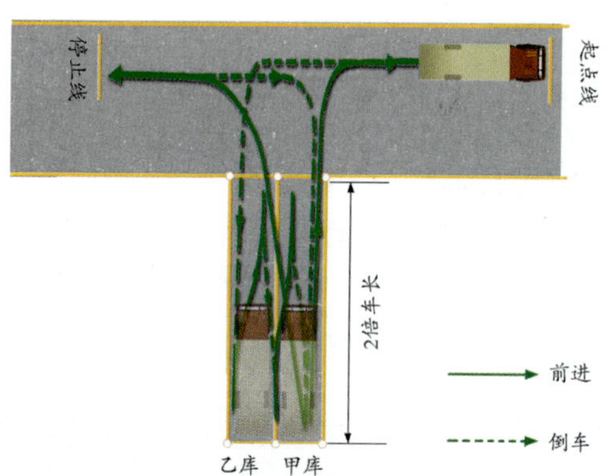

1 操作要求

驾驶车辆从起止点倒入乙库停正，随后两进两退移库至甲库停正，再前进从乙库出库至停止点，倒入甲库停正，前进返回起止点。车辆进退途中不得停车，项目完成时间不得超过 8 分钟。

2 注意事项

（1）要按规定路线、顺序行驶；

（2）行驶中，车身任何部分都不能碰擦桩杆；

（3）倒库或移库完成时，整个车身必须要入库到位。

二、牵引车（A2）倒桩

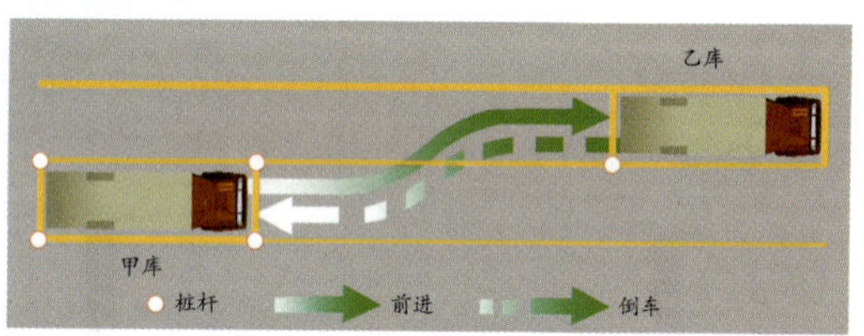

驾驶车辆前进入库、倒车入库训练，培养在实际道路驾驶时，正确判断车身行驶空间位置、操控车辆完成倒车或前进通过空间限位障碍的能力。

1 操作要求

驾驶车辆从甲库向前驶入乙库停正，

然后倒入甲库内停正。车辆进退途中不得停车。

2 注意事项

（1）要按规定路线、顺序行驶；

（2）行驶中，车身任何部分都不能碰擦桩杆；

（3）倒库或入库完成时，整个车身必须要入库到位。

第二节 项目驾驶

一、坡道定点停车和起步

驾驶车辆在坡道上平稳停车、平顺起步训练，培养在实际道路上驾驶时，准确判断车辆的位置，正确使用制动、挡位和离合器控制车辆的能力，以适应在有停止线的路口准确停车，在上坡路段停车和起步的需要。

1 操作要求

通过视觉和感觉，驾驶车辆在坡道上的停止线前准确平稳停车，停车后，拉紧驻车制动器，然后操纵车辆再平顺起步。

2 注意事项

（1）车辆停止后，前保险杠定于停止线上，不得超过停止线 50 厘米；

（2）车辆停止后，车身距离路边缘线要在 30 厘米以内；

（3）起步前要开启左转向灯，起步时间不能超过 30 秒；

（4）整个行驶过程中，车辆不得后溜；

（5）车辆行驶中，不能骑轧车道边缘实线。

二、侧方停车

驾驶车辆在运动中正确停入道路右侧车位（库）训练，培养在实际道路上停车时，倒入平行式停车位、依次在路边停车时控制车辆的能力。

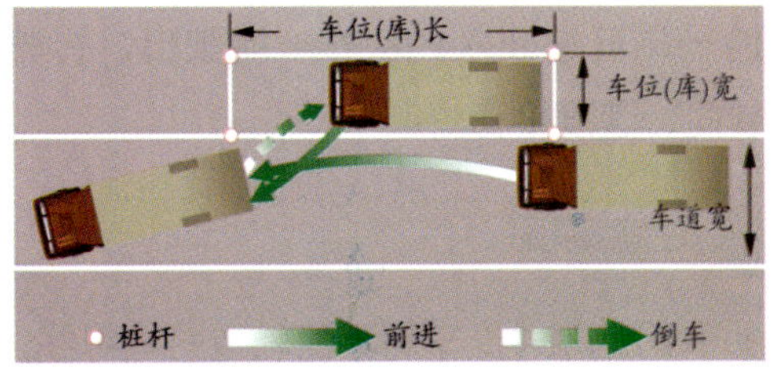

1 操作要求

车辆在库前方一次倒车入库，中途不得停车，再前进向左前方出库。出库前开启左转向灯，出库后关闭转向灯，项目完成时间不得超过 1.5 分钟。

2 注意事项

（1）车辆入库停止后，车身不能出线；

（2）行驶中车轮不能触轧车道边线，车身不能触碰库位边线；

（3）出库时要正确使用转向灯。

三、曲线行驶

驾驶车辆在运动中一次通过两个弯道训练，培养在实际道路上驾驶时，操纵转向盘、控制车辆曲线行驶通过弯道的能力。

1 操作要求

驾驶车辆以二挡（含）以上挡位从弯道的一端前进驶入，从另一端驶出，行驶中转向、速度平稳。

2 注意事项

（1）行驶中，车轮不能轧道路边缘线；

（2）中途不能停车。

四、直角转弯

驾驶车辆从直角弯路段一侧驶入，在运动中一次通过，实现转弯训练。培养在实际道路上驾驶时，驾驶车辆在通过直角弯路段时，正确操纵转向盘、准确判断车辆内外轮差的实际驾驶能力。

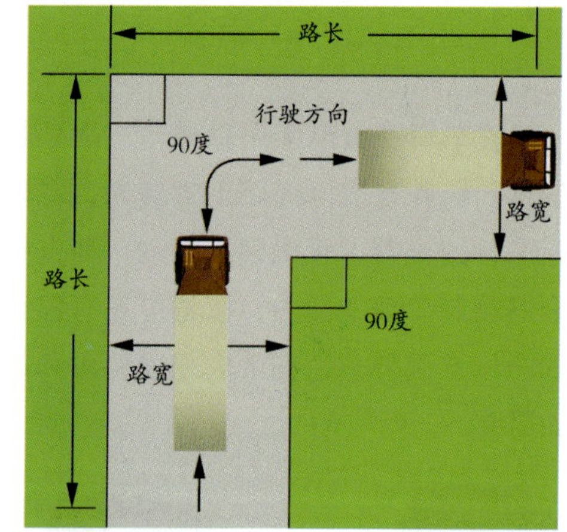

1 操作要求

驾驶车辆按规定的线路行驶，由左向右或由右向左一次通过直角转弯。转弯前，应开启转向灯，完成转弯后，关闭转向灯。

2 注意事项

（1）行驶中，车轮不能碰轧道路边缘线；

（2）中途不能停车；

（3）转弯时要正确使用转向灯。

五、通过单边桥

驾驶车辆一次通过两个单边桥训练，培养在实际道路上驾驶时，正确运用转向盘，准确判断车轮直线行驶轨迹，操纵车辆不平行运行的能力。

1 操作要求

驾驶车辆使用二挡（含）以上挡位，平稳、顺畅地使车辆左前轮、左后轮从左侧单边桥上驶过，然后右前轮、右后轮从右侧单边桥上驶过。

2 注意事项

（1）车轮要按要求骑上对应的桥面；

（2）骑上桥面后，在行驶中车轮不能掉下桥面；

（3）中途不能停车。

六、通过限宽门

驾驶车辆在一定的速度下顺利地一次通过限宽门训练，培养在限宽或狭窄路段正确判断车身位置的能力。

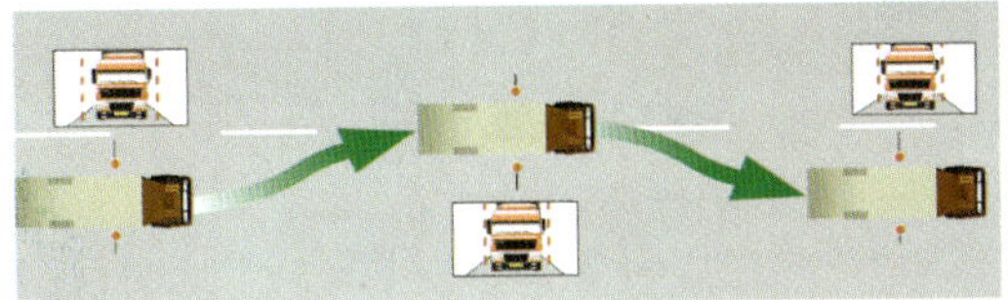

1 操作要求

驾驶车辆以不低于10公里/小时的速度从三门之间穿越。

2 注意事项

（1）要按规定路线、顺序行驶；

（2）车身任何部位都不能碰擦限宽门悬杆。

七、通过连续障碍

驾驶车辆骑行通过连续障碍训练，培养实际道路行车中对转向轮行驶轨迹和左右车轮内侧空间运行变化的判断能力。

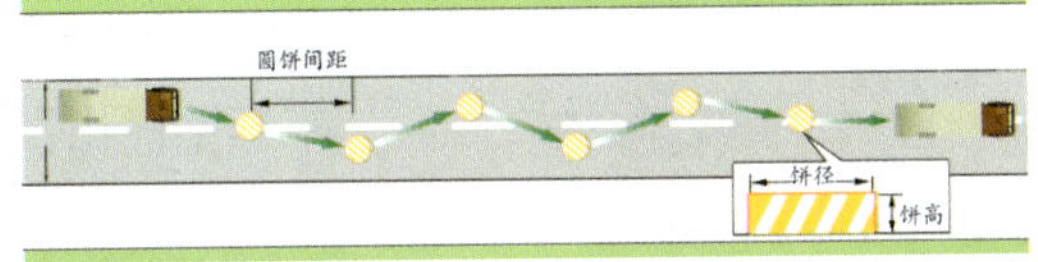

1 操作要求

驾驶车辆用二挡（含）以上挡位，将车骑于圆饼之上顺畅通过。

2 注意事项

（1）要按规定路线、顺序行驶；

（2）行驶中，车轮不能轧两侧道路边缘线；

（3）车轮不得碰、擦、轧圆饼；

（4）中途不得停车。

八、起伏路行驶

驾驶车辆平稳通过起伏路段训练，培养在实际道路驾驶时，驾驶车辆以最小颠簸方式平顺通过凹凸障碍的能力。

1 操作要求

驾驶车辆行驶至起伏路前减速，缓慢平顺通过起伏路。

2 注意事项

（1）通过起伏路面前要及时减速；

（2）通过起伏路面时，车辆不能出现严重跳跃；

（3）中途不得停车。

九、窄路掉头

驾驶车辆在规定宽度的路段，经过三进二退完成掉头训练，培养在较窄的实际道路上，采用多次前进、后倒的方式使车辆安全掉头的能力。

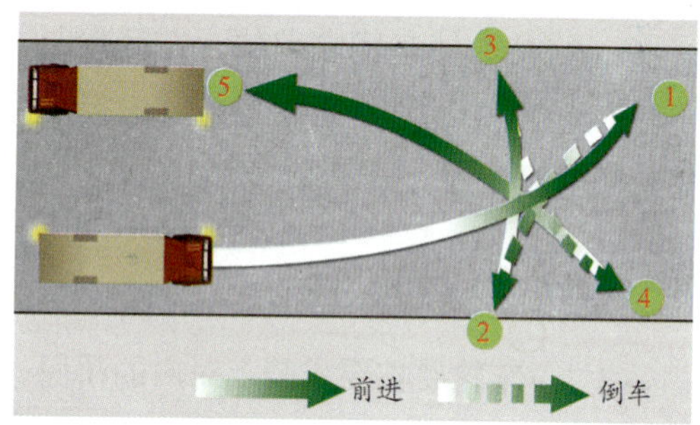

1 操作要求

驾驶车辆行驶至掉头路段靠右停车后，不超过三进二退，将车辆掉头。

2 注意事项

（1）掉头前要打开左转向灯；

（2）不超过三进二退完成掉头；

（3）车轮不能轧道路边缘线；（4）掉头时间不能超过 5 分钟。

第三节 模拟驾驶

一、模拟高速公路驾驶

驾驶车辆按照模拟要求，安全驶入驶出高速公路、合理选择行驶车道、遵守标志标线规定以及应急停车、安全驶离训练。培养在高速公路上正确操纵车辆、安全通行的实际驾驶能力。

1 操作要求

驾驶车辆在收费站停车取卡。行驶至入口匝道后，开启左转向灯，向左侧回头观察来车情况，确认安全后，加速至 60 公里 / 小时以上驶入行车道，关闭转向灯。需要变更车道时，应当开启准备驶入车道一侧的转向灯，观察来车情况，确认安全后变更车道。驶出高速公路时，按照出口预告标志提前调整车速和车道。

2 注意事项

（1）行驶中不能占用两条车道、应急车道；

（2）前后 100 米均无其他车辆时要及时靠右侧车道行驶；

（3）变更车道要提前开启转向灯并仔细观察后面情况；

（4）驶入高速公路时，要提速至规定车速；

（5）要正确使用速度、灯光和车道。

二、模拟连续急弯山区路驾驶

驾驶车辆按照模拟要求，安全通过连续左、右急弯道训练。培养在通过连续急弯山区路视线不良时，驾驶车辆通过连续弯道的实际驾驶能力。

1 操作要求

驾驶车辆行驶至弯道前减速，靠右行驶，鸣喇叭后驶入弯道。

2 注意事项

（1）进入弯道前要减速至通过弯道所需的速度；

（2）弯道内不能占用对方车道；

（3）转弯过程中要平稳控制方向，车轮不能轧弯道中心线或道路边缘线；

（4）进入弯道前要鸣喇叭；

（5）在未划中心实线的道路右转弯前适度靠路中行驶。

三、模拟隧道驾驶

驾驶车辆按照模拟要求，安全通过模拟隧道训练。培养驾驶车辆通过隧道时，适应环境光线急剧变化的实际驾驶能力。

1 操作要求

驾驶车辆行驶至隧道前观察隧道处道路交通标志，按标志要求操作。驶抵隧道时先减速，开启前照灯，鸣喇叭；驶抵隧道出口时，鸣喇叭，关闭前照灯。

2 注意事项

（1）驶入隧道前要减速并开启前照灯；

（2）驶入隧道后要按规定车道行驶，不能变更车道；

（3）驶入（出）隧道时要鸣喇叭，但在禁止鸣喇叭的区域不得鸣喇叭；

（4）驶入隧道后要注意眼睛的暗适应，不能盲目加速；

（5）驶出隧道口后，关闭前照灯。

四、模拟雨（雾）天驾驶

驾驶车辆按照模拟要求，安全通过模拟雨（雾）天路段训练。培养雨（雾）天行驶时正确使用刮水器的能力，为防止车辆侧滑而合理使用制动、转向的实际驾驶能力。

1 操作要求

驾驶车辆进入模拟雨（雾）天路段前，减速行驶，视雨量大小选择刮水器挡位，雾天开启雾灯、示廓灯、前照灯（近光）、危险报警闪光灯。

2 注意事项

（1）进入雨（雾）天模拟路段前，要提前减速并变换挡位；

（2）进入雨（雾）天模拟路段后，要

及时开启刮水器，并能根据淋水量正确选择刮水器挡位；

（3）在模拟雾天路段，要按规定开启灯光。

五、模拟湿滑道路驾驶

驾驶车辆按照模拟要求，安全通过模拟湿滑路段训练。培养湿滑路行驶的能力，为防止车辆侧滑而合理使用制动、转向的实际驾驶能力。

1 操作要求

进入湿滑路前，减速行驶；进入湿滑路后，使用低速挡匀速行驶，平稳控制车辆方向。

2 注意事项

（1）进入模拟湿滑路段前，要提前减速并变换挡位；

（2）通过湿滑路段时，不能急加速、急制动。

六、模拟紧急情况处置

驾驶车辆按照模拟要求，正确处置模拟环境中的一些行车突发事件训练。培养在行车中对常见突发事件安全处置的实际驾驶能力。

1 操作要求

在正常行驶过程中，随机选取一种紧急情况，用语音或灯光等进行模拟：

（1）前方突然出现障碍物时，应当立即制动，迅速停车，停车后开启危险报警闪光灯。

（2）模拟高速公路行驶遇爆胎等车辆故障时，应合理减速，观察后方跟车情况，确认安全后将车平稳停于应急车道，开启危险报警闪光灯，发出乘员撤离至护栏外的提示，正确摆放警告标志，驾驶人本人撤离至护栏外侧，模拟报警。

2 注意事项

（1）前方突然出现障碍物时，要及时制动停车，并开启危险报警闪光灯；

（2）高速公路车辆发生故障后，要确认后方安全后合理减速，不能盲目紧急制动；

（3）高速公路车辆发生故障后，不要在行车道停车；

（4）高速公路车辆发生故障后，要及时提示乘员疏散，所有人员都要撤离至护栏外的安全地带；

（5）高速公路车辆发生故障后，要正确摆放警告标志并报警。

第四节　车辆安全检视与轮胎更换

一、货运车辆安全检视

1 行车前安全检视的部位

车辆安全检视

货车驾驶员在出车前，重点检查车辆的技术状况、安全部位和货物装载等情况，发现安全隐患及时排除。货运车辆安全检视主要包括车辆外观检查、发动机舱检查、驾驶内部检查。

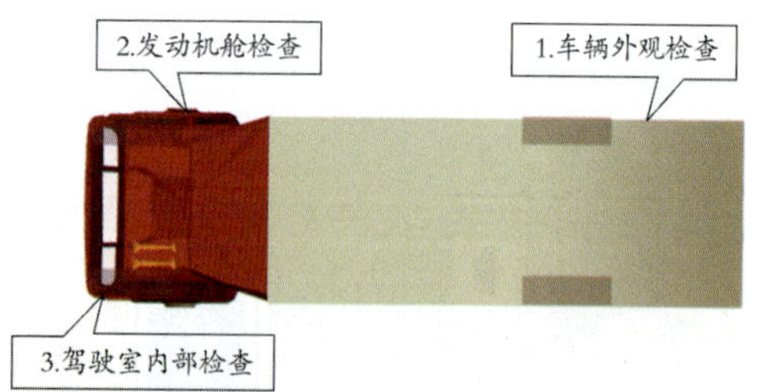

2 安全检视的内容和要求

车辆外观检查：

（1）轮胎气压及磨损、轮胎紧固件；

（2）转向横直拉杆；螺栓、传动轴及万向节；

（3）前桥、后桥、车架、悬架、U形螺栓、传动轴及万向节；

（4）储气筒、制动管路；

（5）风窗玻璃、车灯和反光标志、外后视镜、燃油箱、蓄电池、备胎、号牌；

（6）驾驶室翻转机构、车厢栏板、后下部防护装置、侧防护装置、牵引车与挂车连接装置。

发动机舱检查：

（1）润滑油、冷却液、风窗清洗液、制动液、转向助力油、管路；

（2）传动皮带、高低压线路。

驾驶室内部检查：

（1）仪表、转向盘自由行程、驻车制动器、变速器操纵装置、缓速器操纵装置；

（2）离合器踏板、制动踏板、加速踏板行程；

（3）安全带、内后视镜等安全设施及装置；

（4）车门、车内灯。

检查要求和标准一览表

检查部位	检查内容	要求和标准
车辆外观	轮胎	气压标准、无夹石、无破裂、螺母无松动
	转向横直拉杆	无松脱、无损坏
	前桥	无断裂
	后桥	驱动桥壳温度正常、无漏油
	车架	无裂痕、无断裂
	悬架	完好、无松脱，钢板弹簧无断裂、扰度正常
	U 形螺栓	无松动
	传动轴	螺栓无松动
	万向节	螺栓无松动
	储气筒	完好、无漏气
	制动管路	无漏气
	风窗玻璃	完好、清晰、无裂痕
	车灯	齐全、有效、无损坏
	反光标志	齐全、完好
	外后视镜	完好、调整得当
	燃油箱	完好、无渗漏
	蓄电池	清洁、无漏液、连接牢固
	备胎	齐全、无松动
	号牌	完整、有效、清晰
	驾驶室翻转机构	链接牢固、翻转灵活、无卡滞
	车厢栏板	完好
	后下部防护装置	完好、无断裂
	侧防护装置	完好、无断裂
	牵引车与挂车链接装置	齐全、完好、链接牢固
发动机舱	润滑油	正常、色清、无杂质
	冷却液	充足、无漏水
	风窗清洗液	充足、无漏液
	制动液	充足、无漏液
	转向助力油	无漏液

（10）第十步：将替换下的损坏轮胎固定到备胎架上。

2 轮胎更换的要求

（1）用气压表检查后轮外侧轮胎气压后，读出气压值；

（2）在其余前后轮下加止动块；

（3）使用专用工具卸下备胎，用气压表检查备胎气压后，读出气压值；

（4）旋松后轮胎螺母；

（5）用千斤顶顶在后桥规定的位置将后轮支起；

（6）按顺序将轮胎螺母松掉后，卸下轮胎（操作时可用撬棒上抬轮胎进行辅助操作）；

（7）安装备胎，两轮轮辋通风口应对准，两胎气门嘴应对称排列，按180° 分开；

（8）旋上后轮胎螺母，按对角顺序预紧固轮胎螺母，使螺母的锥形端面与螺栓孔的锥形端面紧密配合；

（9）放下千斤顶后，逐一将轮胎螺母再紧固一遍，使旋紧力矩达到规定数值，增加紧固力度；

（10）将换下的轮胎安装到备胎支架上，将工具放回原位。

第二章 道路驾驶

第一节 道路驾驶技能

一、上车起步

1 上车

逆时针绕车一周，观察车辆外观和周围环境，确认安全，打开车门前应观察后方交通情况。

2 起步

起步前检查车门是否完全关闭，调整座椅、头枕、后视镜，系好安全带。检查驻车制动器、挡位；起动发动机，检查仪表，确认正常。观察后视镜，回头观察后方交通情况。开启左转向灯，挂2挡，松驻车制动器，起步。起步过程应平稳、无闯动、无后溜，不熄火。气压制动货车必须保持气压充足。

二、直线行驶、换挡

1 直线行驶

根据道路情况合理控制车速，正确使用挡位， 确保方向控制稳定，保持车辆直线行驶，跟车距离适当。行驶过程中适时观察内、外后视镜，仔细观察，视线不得离开行驶方向超过2秒。遇前车制动或发现路面障碍物，要及时采取减速措施。

2 加减挡

根据路况和车速，合理平稳地加、减挡，换挡及时、平顺，确保车辆运行速度和挡位匹配，不要低头看挡位，不要换错挡位，不得越级加挡。

三、变更车道、通过路口

1 变更车道

变更车道前，正确开启转向灯，通过内、外后视镜观察，并向变更车道方向回头观察后方道路交通情况， 确认安全后变更车道，变更车道完毕后关闭转向灯。变更车道时，判断车辆安全距离，控制行驶速度，不得妨碍其他车辆正常行驶。

2 直行通过路口、路口左转弯、路口右转弯

通过路口时，仔细观察路口两侧的交通情况，减速或停车瞭望，根据车辆行驶方向选择相应车道，正确使用转向灯，根据不同路口情况，采取正确的操作方法，安全通过路口。通过路口时，主动避让优先通行的车辆、行人和非机动车。遇有路口交通阻塞时，将车停在路口外等候，不得进入路口。左转通过路口，要靠路口中心点左侧转弯。

四、通过人行横道、学校区域、公共汽车站

1 通过人行横道

减速，观察两侧交通情况，确认安全后，合理控制车速通过，遇行人停车让行。

2 通过学校区域

提前减速至30公里/小时以下，观察情况，文明礼让，确保安全通过，遇有学生横过马路时应停车让行。

3 通过公共汽车站

提前减速，观察公共汽车进、出站动态和乘客上下车动态，着重注意同向公共汽车前方或对向公共汽车后方有无行人横穿道路。

五、会车、超车

1 会车

正确判断会车地点，会车有危险时，控制车速，提前避让，调整会车地点，会车有困难时主动让行。在没有中心隔离设施或者中心线的道路上会车时，减速靠右行，与其他车辆、行人、非机动车保持安全间距。

2 超车与让超车

超车前，保持与被超越车辆的安全跟车距离。开启左转向灯，通过内、外后视镜观察后方及左侧交通情况，并回头观察确认安全后，选择合理时机，鸣喇叭（禁鸣区除外）或交替使用远、近光灯，从被超越车辆的左侧超越。超车时，观察被超越车辆的情况，保持横向安全距离。超越后，开启右转向灯，通过内、外后视镜观察后方和右侧交通情况，并回头观察确认不影响被超越车辆正常行驶的情况下，逐渐驶回原车道，关闭转向灯。在没有中心线或者同方向只有一条行车道的道路上不得从右侧超车。

当后方车辆发出超车信号时，前方道路具备让车条件时，应减速靠右让行，不

得减速不让路或者让路不让速。

六、靠边停车、掉头

1 靠边停车

停车前，开启右转向灯，通过内、外后视镜观察后方和右侧交通情况，并回头观察确认安全后，减速向右转向靠边，平稳停车。放松行车制动器踏板，拉紧驻车制动器，关闭转向灯，将发动机熄火。停车后，车身距离道路右侧边缘线或者人行道边缘30厘米以内。需要下车的，回头观察左后方交通情况，确认安全后，缓慢开车门，下车后关闭车门。

2 掉头

观察前、后方交通情况，正确选择掉头地点和时机，确认安全后减速或停车，开启左转向灯掉头。掉头时不要妨碍其他车辆和行人的正常通行。

七、夜间灯光使用

夜间起步前开启前照灯，行驶中正确使用灯光。在无照明、照明不良的道路使用远光灯。在照明良好的道路、会车、路口转弯、近距离跟车等情况，使用近光灯。超车、通过急弯、坡路、拱桥、人行横道或者没有交通信号灯控制的路口时，应当交替使用远、近光灯示意。

注意事项：

（1）同方向近距离跟车行驶时，不能使用远光灯；

（2）会车时不能使用远光灯；

（3）通过路口时不能使用远光灯；

（4）在路边临时停车，关闭前照灯，开启示廓灯。

第二节 典型道路环境、恶劣气象条件下驾驶

一、典型道路环境条件下驾驶

1 山区道路安全驾驶

山区道路坡陡弯急，气候变化无常，大多数山区道路依山傍崖，穿洞过涧，坡陡路窄，急弯、隧道等危险路段多，坡长弯急还会造成视距不足，山口的横风也会引起车辆行驶位置偏移。通过山区道路时，要根据山区道路的特点，控制好车速，注意观察，严格遵守通行规定，安全谨慎驾驶，随时做好预防险情的准备，及时处理遇到

的各种情况，确保行车安全。

2 高速公路安全驾驶

高速公路上行驶的车辆，行驶速度高、道路交通环境单一，容易感到枯燥、松懈或困倦，长时间驾驶会导致疲劳。驾驶车辆在高速公路上行驶，要严格遵守高速公路通行规定，在右侧慢速车道内行驶，注意与其他车辆之间保持足够的安全间距，不得超过车辆的最高限速，不得占应急车道行驶。遇到施工路段，应遵守限速规定提前减速，不得加速通过施工路段或者在施工现场前紧急制动。车辆发生故障需要临时停车时，应开启危险报警闪光灯，按规定放置警告标志，拨打救援电话，在护栏外等待救援。

二、恶劣气象条件下驾驶

1 雨天安全驾驶

雨天，路面湿滑，制动距离延长，桥涵、低洼区域积水，通行困难。雨天路上行人、骑车人视线受限，观察和反应能力下降。驾驶大型货车雨天行车，应开启前照灯、示廓灯和后位灯，低速行驶，注意观察路边的行人和非机动车，保持比晴天更大的横向、纵向的安全间距。跟车行驶要与前车保持干燥路面的 1.5 倍以上的跟车距离。雨天涉水行驶后，应反复轻踩制动踏板，尽快恢复制动器工作效能。

2 雾（霾）天安全驾驶

雾天行车时，能见度低，不易发现路面障碍和对向来车，不能准确判断跟车距离，看不清道路标志、标线。驾驶车辆雾天运输时，驾驶员应该开启近光灯、雾灯、示廓灯、前后位灯和危险报警闪光灯，合理控制车速、增大跟车距离，适时鸣喇叭，能见度过低时要选择在安全地点停车。高速公路行车能见度低于 10 米的大雾时，降低车速至 5km/h 以下，尽快从最近的出口驶离高速公路。

3 冰雪路面安全驾驶

冰雪路面行车，稳定性下降、操控难度大，制动距离延长、方向易跑偏，车辆容易侧滑，冰雪路面行驶的危险性是制动距离延长。雪天在山区道路、弯道背阴、桥面路侧，容易积雪结冰。驾驶车辆在积雪路面行驶，有条件的要安装防滑链，低速平稳行驶，有车辙的路段沿车辙行驶。减速时，驾驶员应该轻踩制动踏板，同时控制车辆行驶方向。发现前方路面大面积结冰，应寻找安全地点停车，不得紧急制动立即停车或者加快车速继续行驶。

4 泥泞道路安全驾驶

泥泞路路面特别松软、黏稠，汽车行驶阻力大且车轮易滑转、侧滑。驾驶车辆行至泥泞路段时，要停车察看路况，尽量选择平整、坚实或有车辙的路段通过。通过泥泞路一般选用中低速挡位行车，握稳转向盘，稳住加速踏板匀速一次性通过，尽量避免使用行车制动器，以防止整车滑移。

5 涉水安全驾驶

涉水驾驶中，水的浮力和流水的冲击，会使车辆驱动力的发挥受到限制，电器设备也极易受潮短路。驾驶车辆涉水前，要停车察明水情，对水深度、水流速度和水底情况进行调查，不可冒险涉水驾驶。确定要涉水行驶时，要选择最佳的行驶路线，中途不要轻易改变。涉水时，挂低速挡保持车辆足够动力，不要注视水流的变化，低速缓慢驶入水中，稳住方向、匀速一气通过。涉水后，间断轻踏制动踏板，以恢复制动效能。

第三部分

安全文明驾驶常识

第一章 安全、文明驾驶知识

第一节　职业道德与身心健康

一、道路货物运输驾驶员的职业道德

1 社会责任

道路货物运输驾驶员要以一种有利于社会的方式进行道路运输和经营，承担相应的法律和经济义务，安全驾驶、文明行车、规范经营、优质服务、节能环保、诚实守信，对社会整体承担责任，为社会创造价值。只有社会责任感强的货运输驾驶员，才能为企业、个人创造更多的经济价值。

确保行车、运输安全是驾驶员对社会承担的一项重大责任。安全意识是驾驶员社会责任的核心，行车安全与驾驶技术是驾驶员履行社会责任的基础。道路货物运输驾驶员应承担的社会责任包括遵章守法、维护交通秩序，保证货物运输安全，节能减排、保护环境，为托运人提供优质服务。

2 职业道德

道路货物运输驾驶员的职业道德与行车安全有着密切关系。良好的职业道德，要求驾驶员在道路运输活动中要做到依法行车、安全礼让、规范操作、有序通行。

驾驶员酒后驾驶、发生道路交通事故后逃逸、开故障车、疲劳驾驶、长时间占用快车道行驶、夜间会车使用远光灯、占用应急车道行车等，都是缺乏职业道德的具体表现。

为了行车安全，驾驶员要经常保持冷静的心态，做到宽容、大度、忍让。平稳驾驶，妥善保管货物、避让有优先通行权的车辆、遇道路拥堵时耐心有序跟车、不具备会车条件时停车让对向来车先行等，都是良好的职业道德的具体表现。

3 职业道德总体要求

遵章守法。要求道路货物运输驾驶员运输过程中，严格按道路运输安全相关法规，自觉遵守企业各项规章制度，遵守驾驶员安全操作规范，保持良好的驾驶作风和职业习惯，加强自身修养和良好个性心理的养成，保障货物完好无损地到达目的地。

依法营运。从事道路运输，首先是经营主体合法，依法取得道路运输经营许可证。其次是经营行为合法，按照法律、法规、规章和规范依法从事道路运输经营活动。取得合法经营许可后，严格按照法定的条件和经营行为规范开展经营活动，做到保证货物托运人的财产安全。

诚实守信。要求道路货物运输驾驶员按照合同承诺进行道路运输。按照规定的时间、路线运输，确保货物安全准时到达目的地。超限运输时，按批准的时间、路线、速度进行，发现货物包装破损时及时通知托运人。

公平竞争。道路货物运输驾驶员要积极参加业务培训，不断提高服务水平。招揽货物时，要依照统一规则，通过提高自己的服务标准和管理理念等手段参与竞争。

优质服务。道路货物运输驾驶员在运输服务中，遵循工作准则，根据托运人的实际需求提供规范、安全、优质、及时的运输服务，满足广大托运人日益增长、不断变化的运输需求。

规范操作。道路货物运输驾驶员必须掌握过硬的安全驾驶技能专业知识，严格遵守安全操作规程。出车前做好日常维护、安全检视，行车中、收车后对车辆进行安全检查。行车中，严格遵守道路安全法律、法规的有关规定。

二、道路货物运输驾驶员

道路货物运输驾驶员要保持良好的心理素质和心理健康，及时纠正不良的心理，是预防道路运输事故的重要前提。积极、谨慎的心理状态有利于行车安全，驾驶员行车时的宽容忍让有利于保证行车安全和运输安全。不健康心理包括急躁心理、好胜心理、赌气心理、随众心理、麻痹心理、负重心理等，这些都是引发道路交通事故的主要因素。

1 急躁心理及应对

道路货物运输驾驶员的急躁心理，不利于提高运输效率，容易导致交通事故。驾驶员的急躁心理会导致开快车、强行超车、频繁变更车道等危险行为。驾驶员在运输过程中应谨慎驾驶，提前预见危险，切忌急躁心理。

2 自满心理及应对

道路货物运输驾驶员出现自满心理，往往会形成一些违法驾驶习惯，导致驾驶员炫耀比拼车技、长时间单手操作转向盘、开车打手机、开英雄车等行为，容易发生

驾驶员情绪剧烈波动时，应急反应能力会下降。

驾驶员反应快，遇到紧急情况可以及时作出准确判断和正确处置，是安全驾驶的积极因素。驾驶员反应慢，遇到紧急情况往往会感到措手不及，是安全驾驶的不利因素。驾驶员的反应能力具体体现在反应时间上，对确保行车安全显得非常重要。反应时间与年龄、驾驶技能和经验有关。随着年龄的增长，反应时间会变短。驾驶技能越熟练、经验越丰富，反应时间会越快。

第二节　安全驾驶

一、车辆安全检查与调整方法

1 出车前检查的目的

出车前检查的目的是确认车辆附近是否存在安全隐患，周围是否有障碍物，车胎是否损坏及出车方向的安全性。

2 出车前的检查内容

出车前，对驾驶室、发动机舱、车外部、轮胎进行检查。驾驶室内检查时，要注意检查用来指示发动机冷却液温度的水温表，尽量不要在干燥的状态下检查刮水器。发动机舱主要检查冷却液、机油、燃油等是否有渗漏现象。检查机油时将车辆停在平坦处，在启动前检查。检查轮胎重点检查磨损、损毁、紧固和气压情况。各轮胎气压不一致时，容易造成油耗增大、加剧轮胎磨损、发生爆胎、操纵失控等后果。如果轮胎胎侧顺线出现裂口，应及时更换。一般车上配备的专用备胎不可作为正常轮胎长期使用。

3 上车检查

驾驶人进入驾驶室前，首先要观察机动车周围的状况，观察车底和车身周围是否有障碍物，附近是否存在安全隐患。上车后关好车门，检查座椅和后视镜、安全带是否完好。然后启动车辆，观察仪表，检查车辆工作是否正常。

4 起步前调整

将汽车座椅安全头枕的高度调整到头枕中心能支撑头部，调整座椅角度，系好安全带。安全带可以在遇紧急制动或发生碰撞时，能有效地减轻驾乘人员受伤程度。驾驶汽车不系安全带在遇紧急制动或发生碰撞时可能会发生撞击风窗玻璃、撞击风窗玻璃、被甩出车外的危险。驾驶装有安全气囊的汽车更要注意系好安全带。

> **知识链接：**
>
> 防抱死制动系统（ABS）的作用是在机动车紧急制动时，可用力踏制动踏板，ABS 会起到保持转向能力的作用。但制动距离不会缩短，紧急制动的同时转向也会发生侧滑。

二、起步汇入车流

1 安全起步

起步前，调整好后视镜，要求乘车人系好安全带，不要把身体伸出车外，不要向车外抛洒物品。根据不同的环境、气象条件和能见度选择使用灯光。雨天使用刮水器、开启近光灯。雾天开启前后雾灯，雪天开启近光灯。夜间开启左转向灯、近光灯。

起步后，应随时注意车辆两侧道路情况，向左缓慢转向，逐渐驶入正常行驶道路，不得急加速向左迅速转向驶入正常行驶道路。起步发现驻车制动器报警灯亮时，应及时松开驻车制动操纵柄。

3 安全汇入车流

驾驶机动车汇入车流时应当开启转向灯，认真观察主路上车辆的行驶情况，在不妨碍主路车辆正常行驶的前提下汇入车流。驾驶汽车从支线道路汇入主干路车流前，提前开启左转向灯，仔细观察主干路内情况，确认安全后汇入车流。从主路进入辅路前，应注意观察减速慢行。从辅路汇入主路车流前，要观察主路内车辆通行情况，进入主路时选择安全的时机汇入车流，不得妨碍主路车辆正常行驶。驾驶机动车汇入车流时，不能影响其他机动车通行。

三、跟车、变更车道安全驾驶

1 跟车行驶

在道路上跟车行驶，要保持安全距离，注意观察前车动态，随时做好减速准备。同时，也要谨慎制动，防止被后车追尾。多车跟车行驶，为了避免追尾事故发生，应至少观察前方两到三辆车，从而能对减速或停车具有预见性。如遇交通流量较大的路段，即便是低速行驶，也需要保持一定的安全距离。在坡路发现前放车辆向后溜车时，应及时停车鸣喇叭提示。

跟车行驶留有足够的安全距离，在遇到紧急情况时能有足够的避让空间。跟车越近，越不容易掌握前车前方的情况，一旦前车尾灯损坏，不能及时发现前车制动，跟车太近容易发生追尾事故。跟随出租车行驶，要预防其随时可能靠边停车上下乘客。遇到出租车接送客人占道停车时，应停车等待。当前方是贴有“实习”标志的汽车时，应该增大跟车距离，预防其紧急制动。

驾驶机动车跟车行驶遇到前方大货车行驶缓慢时，应加大安全车距，适时超车。跟随装满货物的大货车行驶时，应注意大货车制动距离相对较长、容易遮挡视线、盲区较大、还可能会出现货物抛洒。遇到前方大货车行驶缓慢时，应尽量加大安全车距，适时超车。遇到前方有非机动车且左侧有车辆超越时，应减速让行，不得挤靠自行车或向左借道超越。

跟车太近

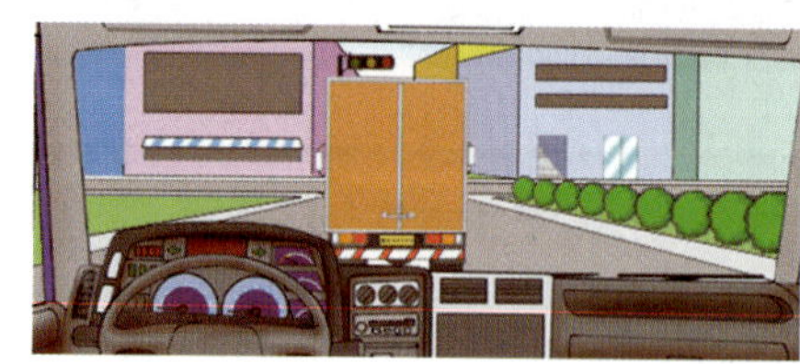

加大跟车距离

冰雪路面应保持较大的跟车距离，雾天要保持大间距跟车行驶，跟车中要随时注意前车紧急制动。遇到前车正在上坡的情况，应等前车通过后再上坡。

遇到前方车辆正在停车时，应提前减速并停车等待。遇前车停车等待行人通过人行横道时，应与前车保持安全距离，排队等待。遇到前方道路中间有停驶的车辆，要预防可能会出现前车左侧车门突然打开、前车前方有行人横穿马路、前车突然掉头或倒车等危险情形。

2 变更车道

两次变更的方法

驾驶大型货车向左或变更车道前，通过后视镜观察左侧道路情况，确认安全后提前 3 秒钟开启左转向灯，不得影响正常通行的车辆。准备变更车道前，观察后视镜发现有车辆从后方驶来或从左侧超越时，要放弃超车，减速让行，不能迅速向左变更车道。

在前方交叉路口直行时，要提前在虚线区按导向箭头指示变更到直线车道，变更车道前一定要开启转向灯。在前方路口转弯时，要在路口导向车道虚线区域按导向箭头指示提前变更车道进入转弯车道；进入实线区后，严禁向左或向右变更车道。

在道路上频繁变更车道或突然变道加塞，会扰乱交通秩序，影响正常通行，造成道路拥堵，甚至易引发交通事故。

四、会车、弯道安全驾驶

1 会车

驾驶车辆在没有中心线的道路上会车时，要提前靠路右侧行驶。在一侧有障碍物的路段会车时，无障碍的一方有优先权，有障碍的一方要让对向先行。如果有障碍一侧的车辆已经开始超越障碍物时，无障碍的一方要主动礼让对方先行。会车遇到前方有非机动时，要减速靠右行驶，保持安全间距，注意避让非机动车。

在道路上会车，发现对面来车越过中心线时，最安全的做法及时向右减速或停车避让。会车前，发现有车辆强行超越对面来车时，最安全的做法是向右减速避让或停车让行。在没有中心线的弯道上会车时，要紧靠路右侧，降低车速行驶，保持安全距离。

在狭窄路段会车，要减速靠右并保持安全横向距离。在窄桥会车，感觉与对向驶来的车辆会有会车困难时，要及时减速靠边行驶或停车让行。

2 弯道行驶

弯道行驶，要在进入弯道前充分减速并靠右侧行驶最安全。在道路急转弯处，要减速靠路右侧行驶、鸣喇叭示意，注意对面来车，不能占用对方车道，做到“左转转大弯，右转转小弯”。

转弯时遇到对面有来车时，减速靠右侧行驶。弯道转弯过程中，要注意避让车辆和行人，不得占对向车道超车。转弯路段易引发事故的驾驶行为有占对向道行驶、在弯道内急转转向盘、驶入弯道前不减速。

五、超车让超车安全驾驶

1 超车

在道路上超车时，要选择视线良好、道路宽直、路面无障碍物、对面无来车的允许超车路段，从左侧超越。预计在超车过程中与对面来车有会车可能时，要提前减速，与前车保持距离跟车行驶，不得加速超车。

在没有中心线的道路上超车，提前开启左转向灯，鸣喇叭示意（非禁鸣区），提醒前方被超车辆驾驶人，从前车左侧超越。超车完毕，与被超车拉开必要的安全距离，开启右转向灯驶回原车道。

在有中心实线的道路上，不得越实线超车。在有中心实线的路段超车时，发现前方机动车正在绕行施工路段时，要减速跟随前车行驶，依次通过施工路段，不得越过中心实线超车。

在有中心虚线或分道线的道路上，遇到前车行驶缓慢、减速、停车时，若对方没又来车，在不影响其他车辆通行的情况下，可以临时越虚线超车。超越公交车时，要提前减速，保持安全距离。在道路划设专用车道的路段，不得借专用车道超车。

超车时，发现前车正在超越停在路边的车辆时，要减速行驶，让前方车辆先超车，预防路边车辆突然起步向左行驶。遇前车不向右减速让行，对面又有来车的情况下，即便是右侧有超车空间，也不能从右侧超车。遇前方机动车没有让车条件或者不减速、不让道或超车过程中被超车突然加速时，要及时减速放弃超车，保持安全距离跟前车后行驶。通过交叉路口、急转弯路段、下坡路段、涵洞、隧道、铁路道口或有禁止超车标志的路段，遇到机动车较少的情况时，也不得超车。

以下两种情况能超车吗？正确的做法是什么？

解析：不能超。借用对向车道超车，首先得保证对向无来车。无对向来车时，若无法与正常行驶的前车保持横向安全间距或前车无让超空间时，也应主动放弃超车。

解析：不能超。在没有中心线的道路上超车时，要确认有足够的横向间距且对向无来车。预计在超车过程中与对面来车有会车可能时，应提前减速，主动放弃超车。

2 让超车

遇到后车发出超车信号或者通过后视镜发现后方有车辆超越时，只要前方道路条件允许，应及时向右减速让行。待后车超越过后，再加速行驶。遇到后方车辆超越后，没有留出足够的安全距离迅速向右并线，影响正常行驶时，应及时减速或靠右停车。

六、掉头、倒车安全驾驶

1 掉头

掉头时，要选择交通流量小、不妨碍车辆和行人正常通行的允许掉头的路段。在有中心虚线的道路上，只要不影响正常交通可以掉头。在路口掉头，要提前开启左转向灯，进入掉头导向车道，在路口虚线处缓慢完成掉头，严禁在人行横道、有禁止掉头、禁止左转标志、标线、信号灯的路口掉头，掉头不得妨碍行人和其他车辆正常通行。

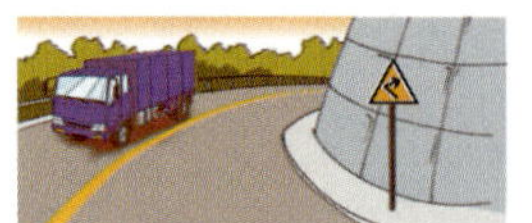
急弯路

有禁止掉头标志的路段

铁路道口

陡坡

窄桥

隧道

容易发生危险的路段

人行横道

提示

掉头时的注意事项

（1）观察是否有禁止掉头的标志，严禁在不允许掉头的路段掉头；

（2）掉头时，应严格控制车速，并仔细观察道路上的交通情况，确认安全后才可以行驶；

（3）掉头过程中，无论前进还是倒车，不要挂错挡位；

（4）迫不得已必须在坡道上掉头时，每次停车均要拉紧驻车制动器操纵杆。

2 倒车

倒车前，要仔细观察车辆周围的情况，确认安全。倒车时，要随时注意观察后方情况，缓慢倒车，即便是后方道路条件较好，也不能加速倒车。倒车过程中，遇到后方有来往车辆行驶的情况，要主动停车避让，保证安全。不得选择禁止掉头的路口、隧道及有禁止掉头标志的路段掉头。

七、安全停车

1 影响停车距离的因素

车辆行驶速度、驾驶人的反应时间、路面状况、载货量的多少以及制动器的结构形式等都是影响停车距离的因素。

2 泊位停车

在道路上停车要选择道路施划的停车泊位内、停车场或者路面平坦坚实、无禁止停车标志、不妨碍交通的路段和地点。停车要按顺行方向停放，车身不得超出停车泊位，停车后要关闭电路，锁好车门。

3 路边临时停车

停车场停车

路边临时停车，要靠道路右侧，尽量避开坡道、积水、结冰或松软路面，不得妨碍其他机动车和行人通行，不得随意停车，驾驶人下车后关好车门，不要远离车辆。人行横道、交叉路口50米以内、铁路道口、隧道内、立交桥上都不能停车。社会车辆不得在出租车停车位临时停车。雨天临时停车时，要开启示廓灯、后位灯、危险报警闪光灯。雾、雪天临时停车，开启危险报警闪光灯、示廓灯和后位灯。

停车后，驾驶人在下车前要先观察后视镜和侧头观察左侧后方情况，并提醒乘车人开启车门前注意观察后方来车，再缓开车门，开关车门不得妨碍其他车辆和行人通行，确保安全。

八、路口安全驾驶

1 通过有交通信号的路口

通过有交通信号的交叉路口，要遵守交通信号，遇到行人和非机动车横过路口时，要及时减速或停车让行。路口通行时，直行车辆有优先权，转弯车辆要让直行车辆先行。直行通过前方路口，遇到对面车辆抢行左转时，要及时减速或停车让行。通过交叉路口遇到黄色信号灯持续闪烁时，要注意观察路口内的通行情况，要在确保安全的前提下，低速通过路口。遇到其他机动车抢行进入路口时，要降低车速，确认安全后通过。

在有箭头信号灯路口左转弯，要提前向左变更车道，在直行车道绿灯或绿色箭头灯

亮时进入左转弯待转区。路口右转弯，要在右转弯车道绿色箭头灯亮时，直接向右转弯。红色箭头灯亮时，不得向右转弯。在没有箭头灯路口右转弯时，要开启右转向灯，提前在虚线区进入右转弯导向车道。进入路口遇路口红灯亮时，在不影响放行车辆和行人的情况下，可以沿右侧道路右转弯。

2 通过没有交通信号的路口

通过没有交通信号的路口直行，要在接近路口时减速慢行，两侧有建筑物阻挡视线时，要提前减速慢行，注意前方可能出现的行人及车辆。在没有交通信号灯控制的路口，左转弯靠路口中心点左侧转弯，右转弯要减速或停车礼让横过道路的行人和非机动车。进入环岛路口，不用开启转向灯。驶出环岛路口，要开启右转向灯。驶近主路和辅路交汇处的路口，要提前减速行驶，观察交汇处的车辆，谨慎驾驶。在交叉路口违法抢行容易引发交通事故。

3 通过铁路道口

通过铁路道口发现横杆开始下落时，要及时将车停在停止线以外，不得加速抢行。通过无人看管的铁路道口，要做到“一停、二看、三通过”。跟随多车通过铁路道口，发现道口对面道路拥堵没有停车空间时，要及时停在停止线前，不得进入道口停车。

九、人行横道、学校区域、居民小区、公交车站安全驾驶

1 通过人行横道

通过人行横道前，要提前减速观察，随时准备停车避让行人和非机动车。遇到没有行人通过的人行横道，也要减速通过。遇到行人正在人行道上行走时，要停车等待行人通过。在人行横道前，发现绿灯亮时还有行人横过道路的情况，要停车礼让行人通过后再起步。

通过人行横道看到右侧停有大型车辆时，一定要停车观察，以防停的车辆遮挡的盲区里有行人、非机动车正在通过人行横道。超越停在人行横道线前的车辆时，一旦发现有行人或非机动从停驶的一侧车

前过人行道时，立即停车让行。

2 安全通过学校区域

行车中，看到路边注意儿童标志，要提前减速注意观察。遇到校车停车上下学生时，立即停车等待，直至校车离开。路边车辆停放较多时，一般是上学或放学时段，要预防儿童突然横过道路或路边停的车突然开启外侧车门。通过学校时，要减速慢行，注意观察标志标线，禁止鸣喇叭。遇到儿童列队横过道路时，及时停车让行。发现一侧有人向路对面学生招手，要及时减速或停车，预防小学生突然横穿道路扑向对面家长。

3 通过居民小区

通过居民小区，要遵守限速标志的规定，按照限速行驶，注意避让居民，不得鸣喇叭。进入小区前要降低车速，注意观察，随时准备停车，不与行人抢行。在小区内行车，要随时注意两侧的情况，做好停车避让居民的准备，重点要注意避让儿童，如发现有皮球滚出要立即停车，预防撞上追出的儿童。遇到居民或行人占道行驶，保持安全距离行驶，等待居民或行人让行。发现行人或非机动车突然从一侧巷子或停放的车后横穿时，要及时采取减速或停车让行措施。

4 通过公交车站

通过停有公交车的车站时，要提前减速，注意公交车的转向灯和动态，缓慢超越，预防公交车突然起步或行人从车前穿出。公交车站附近人较多时，要仔细观察人群的动态，发现有人横过道路时，要停车避让，不得迅速向左变更车道绕行。遇到有非机动车或行人超越公交车时，及时采取减速或停车避让措施。与对面公交车站内公交车交会时，要减速观察公交车后方的情况，发现有人从车后横过道路，及时减速或停车让行。不得在公交车站停车上下客人或装卸货物。

3 遇异常行驶机动车的礼让

行车中看到在道路上频繁变更车道、曲线或左右摆动行驶的车辆时，要考虑前车出现机械故障，或者驾驶人可能是酒后、吸毒、不良心态情况下驾驶，注意保持较大的跟车距离，不得加速超越或绕行。

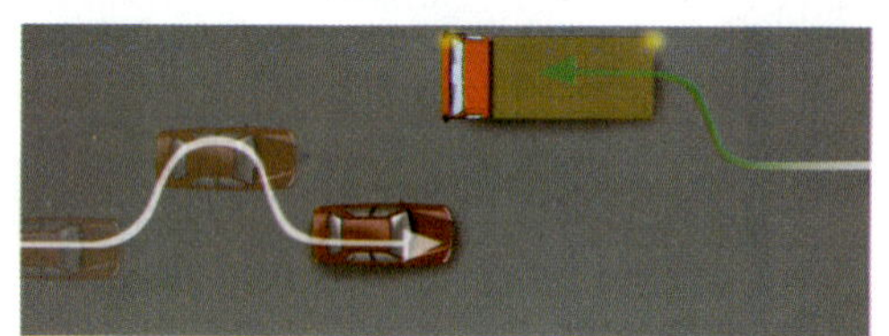

遇有其他车辆不遵守通行规定，突然变道、加塞时，要减速礼让。遇到前方货车不按规定装载，装载砂石、煤炭、建筑垃圾等散碎货物的苫布覆盖不严或苫布脱落，要注意保持较大的跟车距离。遇有大型拉土（石）货车，应当尽量远离，避让。遇到到前车扬起的飞石或是遗撒物将风窗玻璃击裂，造成视线模糊不清的状况下，要逐渐降低车速、开启危险报警闪光灯并将机动车移至不妨碍交通的地点。

4 遇拥堵时的礼让

行车中遇到前方道路车辆拥堵行驶缓慢时，要依次跟车行驶，不得从两侧穿插超车。在有中心虚线的道路上跟车行驶，遇到前方有车辆突然停车时，要减速停车，依次排队等候。遇前方路段车道减少，车辆行驶缓慢，为了保证安全有序，应依次交替通行。

进入交叉路口前，看到因路口对面拥堵造成车辆停车等待时，要在路口停止线外停车等待。通过没有交通信号控制的路口，看到路口内车辆通行混乱时，要注意观察路口车辆的通行情况，进入路口后随时准备停车礼让。在接近交叉路口遇到左侧有车辆强行加塞后迅速向右转向时，要礼让通行。

5 会车时的礼让

会车中遇到对方来车行进有困难需要借道时，应尽量力礼让对方先行。当感觉与对向驶来的车辆有会车困难的时候，应及时减速靠边行驶，或停车让行。行经驼峰桥会车时，应降低车速，可鸣喇叭示意，靠右通行。在窄桥上会车，选择的交会位置不理想时，要停车，必要时倒车，让对方通过。

三、文明驾驶行为

1 文明使用灯光

夜间驾驶汽车在照明条件良好的路段时，跟车行驶不得使用远光灯。夜间通过没有交通信号灯控制的交叉路口时，交替使用远近光灯示意，目的是让其他交通参与者更容易发现自己。夜间在窄路或者窄桥遇自行车对向驶来时，要使用近光灯。

大雨中跟车行驶时使用近光灯的目的是不干扰前车视线，有利于自己看清道路。雾天行车开启雾灯是因为雾灯放射的灯光具有更好的穿透力，更容易让道路中其他车辆驾驶员注意到自己的车辆。

2 文明使用喇叭

驾驶机动车在规定禁止鸣喇叭或有禁止鸣喇叭标志的路段和区域，不得使用喇叭。雾天公路行车可多使用喇叭引起对向注意，听到对向机动车鸣喇叭，也要鸣喇叭回应。通过山区道路弯道时，要做到“减速、鸣喇叭、靠右行”。

3 常见不文明行为

一个合格的驾驶人，不仅表现在技术的娴熟上，更重要的是应该具有良好的驾驶行为习惯和道德修养。行车中要牢记谨慎驾驶的三原则是集中注意力、仔细观察和提前预防。在道路上行驶时，应当按照规定的速度安全行驶，文明驾驶，礼让行车，做到不开英雄车、冒险车、赌气车和带病车。行车中，驾驶人的违法和不文明行为，都会影响行车安全，引发交通事故。

常见的违法驾驶行为和驾驶陋习有：

（1）长时间右手抓住变速器操纵杆球头或左臂搭在车门窗上驾车；

（2）在道路上行驶时，随意向车外抛洒物品；

（3）穿拖鞋、高跟鞋、赤脚驾驶机动车；

（4）一边驾车，一边吸烟；

（5）边驾车，边打手持电话；

（6）长时间量靠近中心线或压线行驶；

（7）变更车道或超车不开转向灯，强行（或随意）并线；

（8）前方机动车停车排队缓慢行驶时加塞抢行；

（9）遇有非机动车借道通行时，急促鸣喇叭；

（10）夜间会车或近距离跟车开启远光灯。

第四节 常见道路交通信号辨识

一、路口交通信号综合应用

1 交通信号灯

驾驶大型货车通过交叉路要严格遵守交通信号灯的指挥。绿灯亮时，要控制车速通过路口。红灯亮时，直行车辆要停在停止线以外停车等待绿灯放行，右转弯车辆在不影响放行车辆和行人通行的情况下沿路右侧转弯通行。在堵车的交叉口绿灯亮时，车辆不可驶入交叉路口

黄灯亮时，要在停止线以外停车等待放行信号，已经越过停止线的车辆可以继续通行，不得在黄灯亮抢行通过停止线进入路口。遇到黄色警示信号灯不断闪烁时，要注意瞭望安全通过。

通过有方向信号灯的路口时，绿色箭头灯亮指的方向允许通行，红色箭头灯指的方向禁止通行。在设有掉头信号灯的交叉路口，红色掉头信号灯亮禁止车辆直接掉头，绿色掉头信号灯亮允许车辆掉头。

准许右转弯信号灯

准许左转弯信号灯

准许直行和右转弯信号灯

2 交通警察手势信号

驾驶机动车在有交通警察指挥的交叉路口，应按照交通警察的手势信号通行。交通警察手势信号有停止信号、示意车辆靠边停车信号、直行信号、变道信号、左转弯信号、左转弯待转信号、右转弯信号、减速慢行信号。

3 路口交通标志

驾驶机动车通过路口时，应注意观察交通标志，按照交通标志的提示和指示通行。尤其是在没有信号灯的路口，要严格遵守交通标志。路口交通标志有警告标志、

禁令标志、指示标志、指路标志。

4 路口交通标线

驾驶机动车通过路口时，要注意观察交通标线，按照交通标线的指引通过路口。交通标线有指示标线、禁止标线和警告标线。

二、路段交通信号综合应用

1 路段信号灯

在有车道信号灯的路段通行，要选择绿色箭头灯亮的车道通行，禁止驶入红色叉形灯亮的车道。

2 警告标志

驾驶机动车看到路边的警告标志时，根据警告标志图形的含义判断前方的危险状态，谨慎通过。警告标志的颜色为黄底、黑边、黑图形。形状为等边三角形（顶角朝上）或矩形。有辅助标志说明的，根据辅助标志含义通过。

3 禁令标志

驾驶机动车在有禁令标志的路段行驶时，要根据禁令标志图形的含义判断前方路段禁止、限制的内容，严格遵守标志通行。禁令标志的颜色为白底、红圈、红杠、黑图形。形状为圆形。有辅助标志说明的，根据辅助标志含义通过。

4 指示标志

驾驶机动车看到指示标志时，要根据

根据限速选择车道

文明使用应急车道

高速公路、城市快速路行车不得有下列行为：

（1）倒车逆行，穿越中央分隔带掉头，或在车道内停车；

（2）骑轧车行道分界线或者在路肩上行驶；

（3）在匝道、加速车道或者在减速车道上超车；

（4）非紧急情况时在应急车道行驶或停车；

（5）试车或者学习驾驶机动车。

2 行车速度、安全距离确认

机动车在高速公路上行驶，车速超过每小时 100 公里时，应当与同车道前车保持 100 米以上的距离，车速低于每小时 100 公里时，与同车道前车距离可以适当缩短，但最小距离不得少于 50 米。遇有雾、雨、雪、沙尘、冰雹等低能见度气象条件下，能见度在 100 米以下时，应开启危险报警闪光灯，速不得超过每小时 40 公里，与同车道前车至少保持 50 米的距离。

3 应急车道的使用

高速公路行车需要临时停车时，要选择到服务区，非紧急情况时不得在应急车道行驶或者停车。机动车在高速公路上发生故障需检查时，应在应急车道停车。因故障或者事故在高速公路行车道上紧急停车时，驾乘人员要迅速转移至右侧护栏以外的安全地带。

4 安全通过高速公路隧道

进入高速公路隧道前，观察隧道口的指示灯，按照隧道口标志上规定的速度调整车速，按照指示灯的指示行驶，隧道内注意观察隧道上方的情报板内容，开启近光灯进入隧道，保持合理的安全距离和车速。驶出隧道前，要通过车速表确认行车速度，不能凭直觉判断车速。驶出高速公路隧道口时，要握稳转向盘，预防出口处的强横向风，遇横风会明显出现方向偏移情况。

如果车辆在隧道内出现故障，只要车

辆还能继续行驶，应尽可能把车驶出隧道；当车辆无法驶出隧道时，及时打开危险报警闪光灯，在车后方 150m 以外设警告标志，并通过紧急电话向高速公路管理中心报警，车上人员必须迅速离开车辆转移到安全地带、逃生通道等待救援。

5 驶离高速公路

驶离高速公路时，提前开启右转向灯，驶入减速车道减速，按规定的时速进入匝道。进入匝道后，按照标志限定时速行驶。如果因疏忽驶过出口且下一出口距离较远时，要继续向前行驶，寻找下一路口驶回，不得掉头逆行或倒回出口。

2 超车安全驾驶

山区道路行车尽量避免超车，尤其是下坡路段由于车辆惯性作用，车速容易过快，车辆比平路时操控困难。需要超车时，要选择路面宽阔的上坡路段，应提前开启左转向灯，鸣喇叭示意，确认前车让超后超越。在上坡路段接近坡顶时，超车存在风险，接近坡顶时视线受阻，无法观察坡顶之后道路走向、对向来车情况和坡顶之后是否有障碍物。不得在路面狭窄、急转弯、连续转弯等不具备条件的路段超车。

3 超车安全驾驶

山区道路会车，应选择路面较宽的路段会车。在山区危险路段行车，遇对面来车在临崖一侧，靠山体一侧车辆要选择安全的地点让行，做到先让、先慢、先停，为临崖车辆留出足够的时间、空间会车。在转弯下陡坡路段遇对面来车，要在转弯前减速行驶，靠路右侧行驶会车。

4 上坡路段安全驾驶

驾驶机动车在山区上坡路段行驶，应尽量匀速前进，尽量避免换挡，时刻注意下行车辆。山区道路上坡行驶时，要在车速下降前减挡，以保持充足动力。驶近坡道顶端等影响安全视距的路段时，要考虑到潜在的风险：坡顶可能有车辆停放，对面驶来的车辆可能会占用车道，前方道路可能有障碍物或有弯道，要减速慢行并鸣喇叭示意，不得加速冲过坡顶。上陡坡路段，应提前观察坡道长度，上坡前减挡保持动力，尽量避免途中减挡。

驾驶机动车在山区道路行驶时，应该尽量避免停车。在山区道路因故障停车，尽量选择平缓路段停放。因发生故障需在上坡路段停车检修时，为避免机动车后溜可将转向盘向左转，拉起驻车制动器，开启危险报警闪光灯，在后方用塞车木或石块塞住车轮以防车辆后溜，按规定在车后方设置警示标志。山区容易塌方、泥石流路段都不能停车。

5 下坡路段安全驾驶

在山区道路下坡行驶时，要提前减速减挡，利用发动机制动控制速度。下长坡或下陡坡时，要根据坡度的大小，提前选择中速挡或低速挡行驶，用挡位控制车速。下长坡连续使用行车制动，会使制动器温度升高而使制动效能急剧下降，造成制动器制动效果下降或车制动器失灵。下长坡严禁使用空挡滑行，以免导致再次挂挡困难引发事故。

在下坡路段停车时，使用行车制动要比在平路时提前。为避免机动车后溜可将转向盘向右转，因故障在山区下坡路段长时间停车时，应在前方用塞车木或石块塞住车轮以防车辆后溜。

6 弯道安全驾驶

山区道路弯道行车，要在转弯前减速，沿弯道右侧行驶，做到“减速、鸣号、靠右行”。在路面较窄的急弯处行车时，要集中注意力、降低车速、注意鸣喇叭、做好停车准备。

行至遮挡视线的弯道处，应预防对向可能有车辆驶来；注意转弯半径较小，车速过快容易引起车辆失控；转弯后路面可能存在落石、凹陷等特殊路况；遇前方有非机动车时，要注意预防骑自行车者可能由于上坡等原因突然改变方向。

四、通过桥梁

1 保持安全速度

经过一般公路跨线桥时，要按照标志指引的车道和限定速度行驶。通过路面条件较好的窄桥，要控制车速不超过 30 公里 / 小时。

2 安全通过桥梁

通过桥梁时，要控制好方向，遵守限速规定，避免超车。遇窄桥时，要注意观察对向来车并提前做好停让准备，避免在桥面上会车，不得在立交桥上临时停车。夜间通过拱桥时，应当交替使用远、近光灯示意。

五、通过隧道

1 隧道内行车风险和事故诱因

隧道内一般都比较狭窄、光线暗淡，有时路面湿滑、行车环境相对较差。有的隧道由于地理位置原因，隧道内路面经常出现积水潮湿，有时路面湿滑，威胁行车安全。隧道内的行车环境属于半封闭状态，具有空间狭小、能见度低、疏导救援难度大的特点，一旦发生交通事故，救援难度非常大，且容易引起二次事故甚至是引发连环事故。

隧道内光线较暗，如果隧道入口附近有因故障或事故停驶的车辆，且未做好安全警示处置措施，对刚驶入的车辆来说是极大的威胁。隧道口存在一定的视野盲区，出隧道前要谨慎驾驶，提前防范，避免隧道口有行人横穿，小心应对隧道口横风或路面结冰的情况，特别是在隧道与桥梁连接路段。

进入光线不足的隧道，驾驶员的眼睛会有一个暗适应过程，影响对隧道出入口附近险情的判断，容易引发事故。有的驾驶人在进入隧道后会感到不舒服，并产生与隧道内壁相撞的感觉；有的驾驶人看到两侧墙壁飞快地向后移去，甚至会产生恐惧感。这些都大大增加了驾驶人的心理负担，可能因此向左或向右打转向盘，很容易与两侧墙壁或并行的车辆相撞，造成事故。车辆通过隧道时，常见的交通事故类型包括追尾、同向刮擦、碰撞隧道壁等。

2 安全进入隧道

隧道对通行的车辆都有限高要求，一般隧道口前都会有限高、限速及隧道开灯标志。进入隧道前，要提前减速，注意观察隧道口前的限速、限宽、限高、隧道开灯标志和其他注意事项，提前按标志要求操作，提前降低车速、开启前照灯。进入隧道前减速，还可以使后面的车辆速度降下来，这样可以减少被追尾的风险。进入隧道内开启近光灯，一方面是为自己照明，更重要的作用是提示其他车辆自己所在的位置，让他人及时发现自己的车辆。距离隧道 50 米以内的路段，不得停车。

隧道入口处有情报板的，驾驶人一定要注意情报板上的提示信息，第一时间了解隧道内是否有紧急情况，不要贸然驶入。进入隧道前的路面标线一般会变为实线，不得在隧道口超车。隧道口外看着无排队车辆的车道，预防其他车道内有停驶的车辆或障碍，避免引起事故。遇到隧道入口处有车辆排队通行时，要尽量按顺序排队通行，不可贸然进入。进入高速路外的隧道前，要提前选择安全的地点停车检查车辆，驾驶人做适当休息。

3 隧道内安全通行

隧道内空间狭小，没有应急车道，光线不足，在隧道内行车应避免变更车道和超车，尽量保持低速匀速行驶。驾驶机动车进入隧道后，将视线注意点移到隧道的远处，不要看两侧隧道壁，使用限速范围内的车速行驶，注意保持行车间距，加大跟车距离，跟随车流行驶。后车应当与前车保持足以采取紧急制动措施的安全距离，以防前车紧急制动或减速。严禁在隧道内变更车道、超车和随意停车。

隧道对行车速度进行了限制，通过隧道时要合理使用灯光和控制车速，尽量避免使用喇叭，并注意观察隧道内的交通情况，尤其要注意是否有行人和非机动车。如果在隧道内遇到行人或骑自行车的人（非机动车），驾驶人一定要观察行人和骑车人的动态，注意避让。通过机动车、非机动车和行人混合使用的隧道内，尽量降低车速，在路面中央行驶，提高警惕，随时注意观察两侧的非机动车、行人的动态。

隧道行驶时，如果遇到隧道内施工或临时管制，一般隧道前都会有相应的提示牌、警示灯提示，行车道会受到临时管制变窄，此时应根据交通信号灯或交通标志标线的指示行驶。隧道内遇堵车时，应耐心等待，不得随意变更车道、在等候车辆中穿插。应随时关注前方交通堵塞原因及拥堵状态，遇前方有人告知险情时，及时逃生。

隧道内行驶发现行驶路线错误，但已经进入隧道，则需要继续行驶，待驶出隧道后再寻找合适地点掉头返回，不得在隧道内掉头、倒车。隧道内结冰或路面湿滑时，应保持低速行驶，不要急踩制动踏板，

以免发生侧滑。

4 安全驶出隧道

驶出隧道时，眼睛会经历一个明适应的过程，同时隧道口外会有横风。到达隧道出口时，驾驶员要注意减速，握稳转向盘，以防隧道口外的横向风引起车辆偏离行驶路线。遇横风时，应缓踩制动踏板，低速行驶，握紧转向盘，稍微向逆风方向修正。待车辆完全驶出隧道且眼睛完全适应隧道外光线后，再关闭灯光，提高车速。

5 隧道内视觉变化

当人由黑暗环境突然进入非常明亮的环境或由光亮的地方突然进入黑暗的地方，眼睛会有短暂的“失明”现象，然后视力逐渐恢复，这个过程分别就是明适应、暗适应。眼睛的明暗适应依个人情况有所不同，一般从数秒到 1 分钟不等，但明适应比暗适应经历的时间短。要充分认识明暗适应的生理特点，善于利用车辆灯光改善这种适应过程，同时注意控制车速，避免发生危险。

戴墨镜驾驶时，进隧道前要摘掉墨镜。进入隧道后，注意暗适应对行车的影响，尽量靠右侧行驶。驶出隧道口时，易出现明适应现象，注意提前降低车速，与前车保持安全距离，降低行驶车速，驶出隧道。驶出隧道后，眼睛会经历一个明适应的过程，在明适应过程中切勿盲目加速，待车辆完全驶出隧道且眼睛完全适应隧道外光线后，再关闭灯光，提高车速，以免因视力瞬时下降不适应环境而造成危险。

6 安全通过单车通行的隧道

通过仅能单车通行的窄隧道时，应提前减速，开启前照灯，观察有无对向来车，确认安全后方可通过。如发现隧道对向有来车时，应在隧道口外靠右停车让行，礼让对面车先通过后再驶入隧道。如遇有信号灯控制的隧道时，应严格遵守红灯停车、绿灯通行的规则。通过无管制的单车道隧道时，在接近隧道口时，应仔细观察，如隧道内已有对向来车行驶，应主动避让，避免在隧道内“顶牛”。

7 安全通过双向隧道

驶入双向通行的隧道时，应开启示廓

灯和近光灯，靠右行驶，注意对向来车。进入隧道后，要跟随车流行驶，隧道内尽量避免使用喇叭，不得借道超车。会车时，不可开启远光灯，使用远光灯容易因驾驶员炫目而引发交通事故。同时要提防对方远光灯的影响，发现对方有来车使用远光灯时，可变换远、近光灯提示对方，减速并及时调整视线，避开对面远光灯的直接照射，加大横向距离低速安全会车。

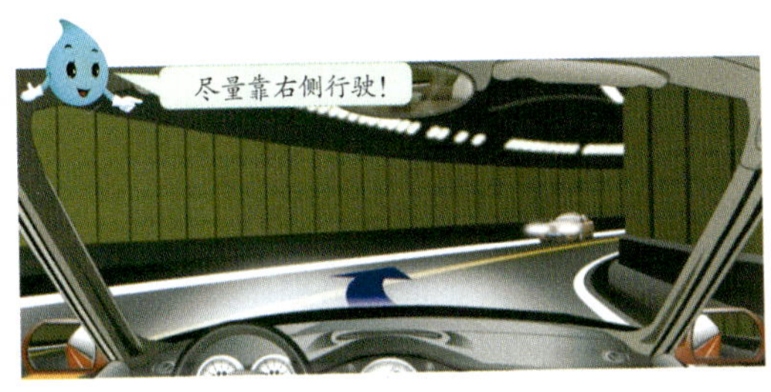

8 安全通过长隧道、特长隧道、隧道群

进入高速路外的长隧道、特长隧道和隧道群行驶前，要提前选择安全的地点停车进行短暂的休息，再次检查车辆，确保万无一失后，再精力饱满地驾驶车辆通过隧道。较长的隧道，大多有直接通向地面的安全出口，安全出口的位置一般都在隧道出入口处标明，隧道内有标志提示，进入长隧道前就应提前注意观察这个标志。安全疏散出口平坦、路线简洁无交叉，有事故照明、排烟设备，一旦遇到隧道内失火，可参照标志逃入通向地面的安全出口。

9 安全通过山区隧道

山区隧道有单向行驶隧道和双向行驶隧道。隧道内一般都比较狭窄、黑暗，有时路面湿滑。较短的隧道可从入口看到出口，而较长的隧道或路途有弯的阳关道则从入口无法看到出口。有的隧道在入口处设有信号灯，只有当绿色信号灯亮时，车辆方可驶入。雨天驶入、驶出隧道时，由于明暗适应和雨水造成的水帘影响，视线变差，应降低车速行驶。

10 隧道内应急处置

隧道内的逃生通道一般位于隧道中央或右侧，有明确的指示牌，人员可以根据指示牌的指示疏散。逃生时若视线不清，要手摸着墙壁，或打开手机手电筒功能，快速撤离。逃生时可以走“人行横洞”，能逃入通向地面的安全出口。

机动车在隧道内行驶，车辆出现故障时，只要还能继续行驶，应减速慢行坚持驶出隧道。无法驶出隧道时，应选择在安

全的区域停车后自行处理或打电话求援，不得在隧道内拦截过往车辆。

隧道内发生火灾时，驾驶员应第一时间弃车逃生，将钥匙留在车上（以便救援人员移动车辆），在车身后放置警示标志离开隧道，切不可贪恋财物。如果人员被困在车厢内，应果断地用车内消防锤等尖利物体敲碎车窗，逃离车辆。逃离时，用浸湿的毛巾或衣物等随身物品捂住口鼻，以便滤烟防毒，弯腰快速撤离，向火势、烟雾飘散的反方向，也就是上风处寻找逃生通道。特别注意不要高声喊叫，防止吸入过多的烟雾和有毒气体。靠近隧道出口的车辆应加速驶离隧道，离出口较远靠后的车辆，驾驶人和乘员应下车反方向逃离。切忌将车辆掉头后逆向驶出隧道。

第二节　恶劣气象条件下的安全驾驶知识

一、雨天安全驾驶

1 雨天道路行车特点

雨天影响安全行车的主要因素有视线受阻、路面滑湿、附着力变小，制动距离会增大，影响驾驶人视野。机动车在湿滑路面上行驶时，路面附着力随着车速的增加急剧减小，刚下雨的路面最容易发生侧滑，在雨天湿滑路面行车要尽量避免紧急制动。大雨天行车，为避免发生“水滑”而造成危险，要控制速度行驶。车辆发生“水滑”时，逐渐松抬加速踏板，让车速逐渐减缓，不可急踩制动踏板，不得迅速转向。雨天急踩制动踏板，易导致后车追尾、产生侧滑。

2 避让行人和非机动车

雨天行驶，视线不清，驾驶人不能及时发现行人，应当注意行人可能滑倒、突然进入行车道、会横过道路等情况。遇到撑雨伞和穿雨衣的行人在路边行走时，要适当降低车速，保持安全距离，注意观察行人动态，可提前轻按喇叭提醒，不得急加速绕行。遇行人占道行走时，应提前减速行驶，鸣喇叭提醒，保持安全距离，注意行人动态，随时准备停车，不得急加速绕行。临近行人时，保持低速缓慢通过，防止泥水溅到行人身上。雨天行车，应注意与非机动车和行人保持安全距离，注意非机动车和行人动态，选择安全车速行驶，避免紧急制动、紧急转向，以免发生侧滑。

3 安全跟车行驶

雨天跟车行驶，为了不干扰前车视线，有利自己看清道路，要使用近光灯，保持安全距离。跟车行驶遇道路施工时，应提前减速慢行，注意施工地点情况，小心谨慎通过，预防前方机动车由于异常情况紧急减速停车。由于雨天行车，道路湿滑，车辆易出现侧滑现象，驾驶人不能准确判断周围的车辆距离，周围车辆驾驶人不容易看清超车信号，不能够及时发现危险情况，不宜超车。遇暴雨，当刮水器无法改善驾驶人视线时，要立即减速靠边停驶，将机动车停到路外。雨天临时停车，应开启危险报警闪光灯。

4 安全通过路口

雨天驾驶机动车通过没有交通信号的路口，驾驶人应减速或者停车观察，以应对两侧路口可能出现的危险。雨天通过绿灯亮的路口，遇到行人和非机动车横过路口时，可能会发生的危险有：行人通过速度较慢可能滞留在道路内，电动自行车可能发生故障无法及时通过道路，此时应注意按照限速规定控制车速。

二、冰雪道路的安全驾驶

1 冰雪道路行车特点

冰雪路面行车，稳定性降低，操控难度增大，制动距离延长，极易发生侧滑，加速过急时易产生车轮空转或溜滑。有积雪的道路，由于积雪对光线的反射，极易造成驾驶人眩目。

2 冰雪道路安全行车

在冰雪道路行车，必须降低车速行驶，必要时可安装防滑链，减速或停车充分利用发动机牵制作用制动。在冰雪路面制动时，发现车辆偏离方向，应停止踩制动踏板，不得猛打方向调整。冰雪道路行车，由于路面湿滑，车轮附着力减小，跟车行驶要保持较大的安全距离。在积雪覆盖的路面行车，可根据路边树木、电线杆等参照物判断行驶路线，有车辙的路段要循车辙低速行驶，避免紧急制动和急转方向。在有雪泥的路上不宜超车，超车时飞起的雪泥遮挡视线，雪泥下的路面更容易打滑，遇紧急情况制动距离变长，危险性大。

山区冰雪道路行驶遇前车正在爬坡时，应选择适当地点停车，等前车通过后再爬坡。在结冰的道路上会车时，应提前减速，缓慢交会。雪天临时停车，要开启危险报警闪光灯提醒其他车辆。

三、雾（霾）天安全驾驶

1 正确使用灯光和喇叭

雾灯在雾天放射的灯光具有更好的穿透力，更容易引起道路中其他车辆注意。雾天行车，能见度低，要正确使用灯光，开启雾灯和危险报警闪光灯。

雾天在公路行车可多使用喇叭引起对向注意，听到对向车辆鸣喇叭，要鸣喇叭回应。

2 雾天安全行车

雾天机动车在道路上通行，要减速慢行，保持安全车距，保持安全车距。雾天跟车行驶，要降低行车速度，加大跟车间距，注意前车动态和制动灯的变化。雾天两车交会，要低速大间距。浓雾天会车，要适当降低行驶车速，靠右行驶，集中注意力驾驶。雾天行车中，玻璃上出现因雾气形成的小水珠时，及时用刮水器刮净。遇到大雾或特大雾、浓雾等能见度过低，行车困难时，开启危险报警闪光灯和雾灯，选择安全地点停车，停车后开启危险报警闪光灯。

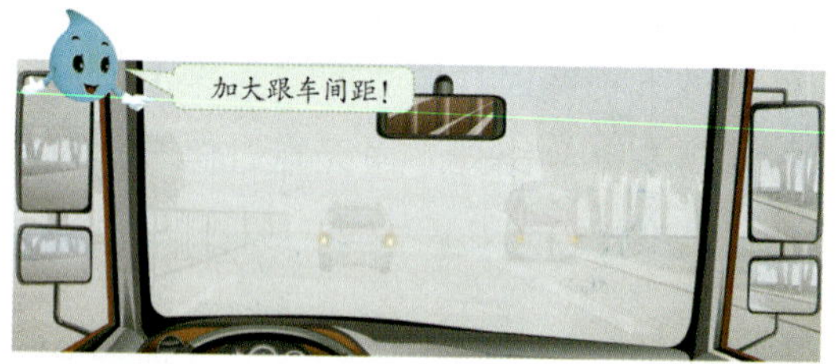

雾天在道路中抛锚不能移动时，立即打开危险警报灯，要求车内所有人员立即下车远离事故车辆，在车后设置危险警告标志警告来往车辆，立即拨打交通事故报警电话 122 请求援助。

驾驶机动车遇到沙尘、冰雹、雾、雨、雪等低能见度条件时，开启前照灯、示廓灯和后位灯。遇雨、雪、雾等视线不清或

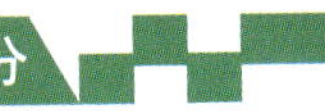

路面较滑时，降低车速行驶，加大横向间距，必要时停车避让。

四、大风天气安全驾驶

1 大风天安全行车

大风天气吹起的沙尘，影响驾驶人视线，遇有强风可能会携带砂石、断裂的树枝、倾覆的广告牌、砸坏风窗玻璃或车辆等。大风天行车需要注意关紧车窗，握稳转向盘尽量避免制动，注意车辆的横向移动。

2 大风天行车注意事项

（1）大风会干扰喇叭声的传递，需要鸣喇叭时可适当延长时间；

（2）风沙大停车时，应将车辆停靠在上风处，车头背向风沙吹来方向，防止细微沙粒被吸入发动机而加速机件磨损；

（3）逆风行驶时，遇风向突然改变或风阻突然减小时，要注意控制车速和方向。

第四章 防御性驾驶与应急处置

第一节 危险源辨识与防御性驾驶

一、基本理论知识

1 危险源辨识

危险源是可能造成危险或者事故的根源和状态，包括人的不安全因素、车辆的不安全因素、行车道路及环境不安全因素。驾驶员识别危险源的目的是提前预判风险，正确辨识人、车、环境的不安全因素，准确的“预见”由其他驾驶员、行人、不良气候或路况而引发的危险。一旦危险出现时，驾驶人能够心中有所准备，缩短反应时间，顺利避开危险，确保货物运输安全。

2 防御性驾驶

防御性驾驶又称为预见性驾驶，是驾驶人在行车过程中，能够准确地“预见”由其他驾驶人、行人、不良气候或路况而引发的危险，并能及时地采取必要的、合理的、有效的措施避免危险和防止事故发生的驾驶方式，可以避免或减少事故的发生。

3 动视力对安全行车的影响

驾驶人在行车过程中，除了注意周围基本状况外，更要通过视觉、听觉所获得的信息来进一步认知和预测可能出现或发生意外的情况，预先采取措施避免事故的发生。驾驶货车运行过程中，驾驶人靠眼睛获取的信息占 80% 以上，视觉对安全驾驶起到非常重要的作用。货运驾驶人的视力包括静视力和动视力。动视力是驾驶人在驾驶车辆行驶过程中的视力对安全行车的影响较大，动视力跟行车速度和驾驶人的年龄有关。驾驶人的动视力随着车速的变化而变化，车速月越高，动视力越低。年龄越大的驾驶人，动视力降低越多。动视力较差的驾驶人，如果不能有意识的控制行车速度，会存在事故隐患，使发生事故的概率增加。

4 视野盲区对安全行车的影响

驾驶视觉盲区是驾驶人获取路面信息的最大障碍，存在极大安全隐患，容易造成驾驶人的判断和操作失误，导致事故发生。不同视觉盲区的成因与特点不同，对行车安全的影响也不同。车内盲区是驾驶人对车辆周围的情况因为车辆本身而产生的视线盲区，驾驶人在上车起步和停车时，看不到盲区了的情况，容易发生事故。车辆两侧后方的盲区，在超车、变更车道时，不注意盲区的存在，极易发生剐蹭（碰撞）是事故。

二、不同行驶状态下危险源辨识与防御性驾驶

1 车辆技术状况与货物装载危险源辨识与防御性驾驶

车辆技术状况不良，存在制动、转向、照明信号装置、车辆悬架、减震系统、仪表、轮胎、安全装置失效等故障隐患及货物装载不规范、不牢固，都会引发交通事故或者运输事故。货运驾驶员要做好出车前、行车中、收车后的车辆检查。出车前，要检查车辆的技术状况、安全部位和货物装载、固定等情况，发现安全隐患及时排除。运输中停车休息时，需要检查车辆有无漏油、漏水、漏气现象，胎压是否正常，胎面有无异物，发动机、制动鼓有无过热现象，货物装载有无遗撒现象。收车后，需要检查车辆、清洁车辆、记录车辆行驶情况。

2 跟车危险源辨识与防御性驾驶

驾驶车辆跟车时，前方车辆存在随时可能转向、减速或紧急制动等危险。驾驶货运车辆跟车时，应预见前车随时可能转向、减速或紧急制动。跟行超载车辆时，存在轮胎爆胎、载货较高阻挡视野，货物苫盖不牢掉落等危险。运输中跟行车辆时，要增大跟车距离，遇超载超限大货车，要提前采取预防措施，以防载货较高阻挡视野，货物超载影响轮胎寿命导致爆胎，货物苫盖不牢时掉落的货物极易导致危险或事故。

3 会车危险源辨识与防御性驾驶

驾驶货运车辆会车时，存在对向来车突然占道行驶，对向来车后方的行人、车辆突然横穿，大型载货汽车偏载、洒落等危险。驾驶车辆在道路上会车，要根据双方车辆及道路情况，适当降低行驶速度，选择安全交会地点，尽量靠道路右侧行驶。会车时，应注意对向来车后方的行人、车辆及车辆装载情况，随时准备预防突然情况带来危险。缺乏安全会车条件时，应该减速，必要时停车让行，不能盲目会车。

4 超车危险源辨识与防御性驾驶

驾驶货运车辆超车时，存在前车不让

行、让速不让路、让路不让速或让路后突然向左行驶等危险。驾驶车辆超车，要选择道路宽直、视线良好、对面无来车且道路两侧均无影响超车障碍物的路段进行。确需借道超车时，驾驶人应该判断是否有足够的时间、空间完成超车，能否与被超车辆拉开安全距离后驶回原车道。准备超车时，应该提前开启左转向灯、鸣喇叭，夜间变换远近光灯提示前车。超车后，应与被超车拉开安全距离后打转向灯驶回原车道。

驾驶货运车辆让超车时，存在后车超越后迅速向右转向、强行超车等危险。驾驶货运车辆运输中，发现后车示意超车，如果条件允许，驾驶员应该及时减速靠右让行，不得加速不让后车超越或者加速向右变更车道。同时要预防后车超车后突然向右变道的情况，随时做好减速或停车避让的准备。

5 变更车道危险源辨识与防御性驾驶

驾驶货运车辆变更车道，存在两侧的车辆加速行驶、对向车违法占道、前方车辆突然变道、盲区内有行驶的车辆等危险。驾驶货运车辆变更车道时，要注意观察道路两侧和后方道路交通情况，确认安全后提前开启转向灯，仔细观察，注意盲区内是否有车辆行驶，确保安全后逐渐变更车道。变道结束后，应及时关闭转向灯，以免给其他车辆传递错误信号。

6 转弯危险源辨识与防御性驾驶

驾驶货运车辆转弯，存在对面弯道内有车辆或行人占道行驶、转弯后轮驶出路面或碰擦行人和车辆、交叉路口两侧有车辆闯红灯、转弯盲区内有行人或非机动车等危险。驾驶货运车辆转弯时，要提前降低车速，注意观察弯道或路口的交通情况。驾驶货运车辆转弯时，要根据车辆的内轮差选择转完时机和角度，注意前后轮之间的内轮差，确保前轮通过后，能给后轮留有足够的余量，避免造成后轮驶出路面或剐蹭行人和车辆。通过十字路口，要提前减速，观察路况，观察是否有违法通行的人和车，红灯亮时应停车等待。在路口右转时要特别注意右侧的盲区及内轮差。转弯时要正确使用转向灯，不得开启转向灯后立即转弯。

7 倒车危险源辨识与防御性驾驶

驾驶车辆倒车，存在车后方和盲区内有玩耍的儿童、突然通过的行人及他妨碍倒车的障碍物等危险。驾驶大型货车倒车前，要在车下检查车辆后方和盲区，排除不安全因素，确认倒车安全。运输中需要倒车时，应该下车检查确认安全，倒车过程中保持较低车速，发现危险立即停车，确保倒车安全。

8 掉头危险源辨识与防御性驾驶

驾驶车辆掉头，存在有车辆突然从左侧超越、对向有加速驶来的车辆、妨碍正常通行的车辆和行人、造成道路阻塞等危险。驾驶车辆掉头时，要根据道路条件或交通情况，尽量选择车流量少、道路较宽，能一次完成掉头且允许掉头的路段进行，选择的掉头路段不得妨碍正常通行的车辆和行人。掉头时，提前开启左转向灯，严格控制车速，不妨碍其他车辆正常行驶，不得在禁止左转弯的路口掉头。

三、典型道路环境下危险源辨识与防御性驾驶

1 山区道路危险源辨识与防御性驾驶

驾驶车辆进入山区道路行驶，存在道路弯多、坡多、路险、气候多变、复杂情况多，可能会出现团雾、滑坡、塌方、泥石流、坑洼等危险路段。驾驶车辆进入山区道路行驶前，驾应提前了解山区气象条件，检查车辆制动、转向性能，确保车辆技术状况良好。通过山区道路时，应时刻关注车辆的制动效能，防止出现制动失效。转弯时，在弯前减速减挡。窄路会车，提前挂入低速挡，低速交会。上陡坡时，应根据坡度选择能一次驶到坡顶的挡位，不得紧紧跟在前车后面爬坡。在长下坡路段行驶，使用缓速器或开启排气制动控制车速，避免频繁使用行车制动，严禁空挡滑行。通过经常发生塌方、泥石流的路段，应在确认安全后尽快通过。遇到团雾要减速行驶，确保发现前突然方情况能及时安全避让。

2 通过桥梁危险源辨识与防御性驾驶

驾驶车辆通过桥梁，存在桥面有损坏时车辆、行人、非机动车突然占道或绕行的危险。跨海大桥上有强烈横风、冬季桥面有结冰或积雪等危险。驾驶车辆通过桥梁时，应注意观察桥头的交通标志和提示，观察路况，条件允许时安全通过，不得加速抢在其他车辆前上桥。要避免在窄桥上会车、制动和停车。在跨海大桥上遇到强烈横风时，应该双手握稳转向盘，合理控制车速，与并行车辆保持安全的横向距离，不得加速通过。通过险桥等危险地段，发现对面来车时停车等待，避免在危险地段会车。发现前方路段有危险时，要下车查明情况，确认安全后尽快通过，确认不能通过时向企业报告后绕道。

3 通过隧道危险源辨识与防御性驾驶

驾驶车辆进入隧道驾驶，存在车载高度超过限制高度、隧道内照明条件差、隧

道内有故障车、隧道口有横风或行人横穿、进出隧道明暗变化造成驾驶员出现短暂“失明”等危险。驾驶车辆驶入隧道前，应注意限高、限速标志，选择绿灯亮的车道行驶，距隧道约 100 米处开启前照灯。遇前方有缓慢行驶的车辆，应跟车行驶，不得超越。在照明条件不良的隧道跟车行驶，跟车距离应适当增加。驶离隧道时，为了降低横风和明适应的影响，应严格遵守限速规定，双手握稳转向盘，同时警惕隧道口有人横穿，不得加速通过。驾驶车辆在隧道内出现故障必须临时停车时，应尽量停在隧道内专门的避险区，不得在隧道内中央隔离带、隧道的进口或出口停车。

4 高速公路危险源辨识与防御性驾驶

驾驶车辆进入高速公路行车，存在车速快、交通环境单一，容易感到枯燥、松懈或困倦，燃油补充错过服务区耗尽停在高速公路，施工路段等危险。

驾驶车辆驶入高速公路前，应了解天气情况、道路通行状况、提前熟悉行驶路线、检查车辆安全状况等准备工作。根据燃油消耗情况，提前选择补充燃油的服务区。驾驶货运车辆在高速公路行驶，要保持精力充沛，注意力集中，感到枯燥、松懈或困倦尽快到服务区休息。行驶中正确选择行车道，避免在超过限速规定的车道行驶。通过施工路段或者在施工现场，按照道路标志或者施工人员指挥通过。车辆在高速公路上发生故障需要临时停车时，应开启危险报警闪光灯，按规定放置警告标志，拨打救援电话，在护栏外等待救援。

5 夜间危险源辨识与防御性驾驶

驾驶车辆夜间行车，有很多潜在的危险因素，由于夜间车灯的照射范围和亮度有一定限度，驾驶员的视线受到限制，遇到突发情况，反应和处置的时间相对较短，危险性大。会车对面来车不关闭远光灯，近距离会车两车灯光交汇处会出现盲区，后方尾的随车辆开启远光灯，车辆故障车辆不开车灯停在照明不良的路边，都是引发交通事故的危险源。

夜间驾驶车辆行驶时，要确保车辆的制动距离在前照灯照射范围内。跟车行驶要保持比白天更大的安全距离。在无中央隔离、照明不良的路段会车时，应距对向来车 150 米时改用近光灯。对向来车使用远光灯时，变换远、近光灯提示对方。对方持续使用远光灯时，应避免直视对面来车灯光，减速或停车靠路边让行，会车时要特别注意两车灯光交会处的盲区。发现路旁停有车辆或自行车时，注意观察动态变化，随时准备避让危险行为。夜间因故障在路边长时间停车，应选择安全的停车地点，停车后开启危险报警闪光灯、示廓灯，按规定放置警告标志。

6 通过铁路道口危险源辨识与防御性驾驶

驾驶车辆通过铁路道口，存在车辆道口内发动机突然熄火、有列车通过、铁路对面道路车辆拥堵等危险。驾驶货运车辆通过铁路道口时，驾驶人应该提前换入低挡，低速平稳通过道口，不得在道口内减挡或者加速通过道口。通过有人看守的铁路道口，发现栏杆刚开始下降时，应及时在停止线前停车，不得加速通过。通过无人看守的铁路道口时应该做到“一停、二看、三通过”，严禁与火车抢行。

7 通过城乡接合部危险源辨识与防御性驾驶

驾驶货运车辆通过城乡接合部，存在通行混乱、摊位占用机动车道、经常会出行人或自行车突然横穿道路等危险。驾驶货运车辆通过城乡接合部时，应根据道路特点，考虑到各种不安全因素，注意观察路边行人、非机动车动向，避开占路摊位。遇路口通行混乱时，减速让行，必要时停车避让，不得频繁鸣喇叭或者加速通行。

8 乡村道路危险源辨识与防御性驾驶

驾驶货运车辆在乡村道路行驶，存在道路等级相对较低、路窄且路面缺乏养护、照明条件差、行人和非动车占道通行、路边有放牧的牲畜和其他野生动物随时横穿、沙土路前方车辆扬起沙尘影响视线等危险。驾驶货运车辆在乡村道路行驶时，要注意观察道路上的各种动态，警惕随意穿行的人或动物。遇到行人横过道路时，应减速慢行或停车让行，不得鸣喇叭后从左、右两侧超越。遇到畜力车或者路边有放牧的牲畜、穿行的其他动物，不得鸣喇叭，要减速并随时准备停车。通过扬尘路段时，应低速慢行，必要时可以开启车灯、鸣喇叭示意。

四、恶劣气象条件下危险源辨识与防御性驾驶

1 雨天行车危险源辨识与防御性驾驶

驾驶货运车辆雨天行车，存在视线不良、路面湿滑、车辆制动效能降低、行人和非机动车通行混乱、路面积水易发生侧滑或“水滑”现象等危险。驾驶货运车辆在雨天行车，要控制行驶速度，跟车行驶要保持干燥路面1.5倍以上的距离。行车中，应降低车速，避免制动过急或急转转向盘。出现“水滑”现象时，应握稳转向盘，松抬加速踏板，避免紧急制动。雨天涉水行驶后，应轻踩制动踏板，为恢复制动器工作效能。

2 雪天行车危险源辨识与防御性驾驶

驾驶货运车辆雪天行车，存在积雪覆盖路面、压实或结冰路面滑溜、操作不当会出现侧滑或翻车等危险。雪天驾驶车辆在积雪路面行驶时，有条件的要安装防滑链，低速平稳行驶，积雪覆盖路面找好参照物，有车辙的路段沿车辙行驶，在路面积雪压实或结冰路段要低速度行驶。减速时，驾驶人应该轻踩制动踏板，同时控制车辆行驶方向。发现前方路面大面积结冰，应寻找安全地点停车，不得紧急制动停车或者加快车速继续行驶。

3 雾（霾）天行车危险源辨识与防御性驾驶

驾驶货运车辆辆雾（霾）天行车，存在能见度低、前方车辆突然制动、对面来车不按规定使用灯光或占道行驶、路边有非机动车、行人占道通行等危险。驾驶货运车辆在雾天行驶时，驾驶员应该开启近光灯、雾灯、示廓灯、前后位灯和危险报警闪光灯，合理控制车速，增大跟车和会车间距，注意避让非机动车和行人，适时鸣喇叭，能见度过低时在安全地点停车。高速公路遇能见度低于 10 米的大雾时，降低车速至 5 公里 / 小时以下，尽快从最近的出口驶离高速公路，不得在高速公路中继续行驶。

4 高温天气行车危险源辨识与防御性驾驶方法

驾驶货运车辆高温天气行车，存在驾驶疲劳、轮胎胎温和胎压发生变化、发动机温度升高冷却水沸腾等危险。驾驶货运车辆在高温天气行车，驾驶员要充分休息，保证有充沛的精力。行车中要注意观察仪表，检查胎温和胎压的变化。发现冷却液温度表读数达到 100 摄氏度时，及时停在安全地点降温，停车后不得马上补充冷却液。发现轮胎温度过高，停在阴凉处降温，不得采取给轮胎放气或向轮胎浇凉水的方法降温。运输中感到疲劳时，驾驶人应该用正确方法缓解疲劳，例如在安全地点停车休息，不得勉强坚持驾驶。

5 风沙天气行车危险源辨识与防御性驾驶

驾驶货运车辆风沙天气行车，存在空气浑浊、视线不良、能见度低、视线模糊、视野变窄，扬沙路段前方车辆卷起的尘土会遮挡视线，遇大风时货物的苫盖被吹掉、装载偏移等危险。 驾驶车辆在风沙天气行车，要严格遵守各行其道的原则，不占道行驶，注意观察前方和道路两旁的车辆和行人；根据能见度选择车速、光灯；扬沙路段跟车行驶，适当加大跟车距离；遇大风影响行驶时，把车停到能避风的地点，并对货物的苫盖与捆扎进行检查与加固。

第二节 紧急情况应急处置知识

一、紧急情况临危处置

1 紧急情况临危处置原则

紧急情况下避险处置始终要把人的生命安全放到第一位。驾驶车辆行车中，遇紧急情况避险时，要沉着冷静，坚持先避人后避物的处理原则。在高速公路或其他道路高速行驶，遇到紧急情况避险时，要坚持采取制动减速，不急转向的原则，不要轻易急转向避让，以减小碰撞损坏程度。

2 轮胎漏气应急处置

轮胎漏气会造成轮胎气压过低时，高速行驶轮胎会出现波浪变形温度升高而导致爆胎。驾驶车辆行车中，发现轮胎漏气，要尽快将车驶离主车道时，缓慢制动减速，不要采用紧急制动，以免造成翻车或后车采取制动不及时导致追尾事故。

3 突然爆胎应急处置

驾驶车辆行车中，意识到爆胎时，要双手紧握转向盘，松开加速踏板，尽力控制车辆直线行驶的情况下，轻踏制动踏板，尽量采用抢挂低速挡的方法，利用发动机制动缓慢减速停车，切忌慌乱中急踏制动踏板紧急停车。在尚未控制住车速前，不要冒险使用行车制动器停车，以避免车辆横甩发生更大的险情。后轮爆胎，注意控制行驶方向并慢慢减速停车；前轮爆胎，要在控制住行驶方向后，采取抢挂低速挡的措施减速停车。

在高速公路上行驶时，车辆左前轮突然爆胎，行驶方向易发生变化，紧急制动容易引起侧翻。因此，驾驶员须第一时间紧握转向盘，然后轻踏制动踏板进行减速，并将车停靠在紧急停车带上。

轮胎气压过高或过低、磨损严重、尖锐物体刺伤轮胎、车辆超载超员都能够引起或导致轮胎爆裂。避免爆胎的正确做法是定期检查轮胎，及时清理轮胎沟槽内的异物，及时更换有裂纹或损伤的轮胎，不要采用降低轮胎气压来避免爆胎的错误做法。汽车专用备胎只能用于应急临时使用，不可作为正常轮胎长期使用。

4 转向突然失控应急处置

驾驶车辆速行车中，出现转向失控时，若前方道路条件能够保持直线行驶，要开启危险报警闪光灯，采用抢挂低速挡方法控制车速，并合理使用行车制动和驻车制动，避免紧急制动。在转向失控的情况下紧急制动，很容易造成翻车。在高速公路行驶，如果发生转向失灵，不能紧急制动。

当转向失控行驶方向偏离，事故已经无可避免时，应果断地连续踩踏、放松制动踏板或采取紧急制动，尽快减速停车，尽量缩短停车距离，减轻撞车力度。驾驶装有转向助力装置的机动车突然发现转向困难，操作费力时，要及时停车查明原因，不得继续行驶。

5 制动突然失效应急处置

驾驶车辆高速行车中，出现现转向失控时，若前方道路条件能够保持直线行驶，驾驶人要开启危险报警闪光灯，可采用抢挂低速挡方法控制车速，并合理使用行车制动和驻车制动，避免紧急制动。在转向失控的情况下紧急制动，很容易造成翻车。在高速公路行驶，如果发生转向失灵，不能紧急制动。

当转向失控行驶方向偏离，事故已经无可避免时，应果断地连续踩踏、放松制动踏板或采取紧急制动，尽快减速停车，尽量缩短停车距离，减轻撞车力度。驾驶装有转向助力装置的机动车突然发现转向困难，操作费力时，要及时停车查明原因，不得继续行驶。

6 发动机突然熄火应急处置

驾驶车辆行车中，出现发动机突然熄火后不能启动时，要立即开启危险报警闪光灯，缓慢减速，将车移到不妨碍交通的地方停车，并放置故障车警告标志，检查熄火原因。

7 车辆侧滑应急处置

驾驶车辆在冰雪路面上制动，车轮最容易抱死，前车轮抱死会出现丧失转向能力，后车轮抱死会出现侧滑甩尾，弯时速度过快容易发生侧滑。驾驶未安装制动防抱死装置（ABS）的车辆在冰雪路面使用制动时，要轻踏或间歇踩踏制动踏板，发生侧滑时，不要猛打转向盘调整。前轮侧滑向侧滑相反方向转动转向盘进行调整，后轮侧滑向侧滑方向转动转向盘进行调整。

8 车辆碰撞、连续倾翻应急处置

驾驶车辆在车速较高可能与前方机动车发生碰撞时，驾驶人要采取先制动减速，后转向避让的措施。与其他机动车发生正面碰撞已不可避免时，应迅速采取紧急制动，减轻碰撞力度。发生撞击的位置不在驾驶人一侧或撞击力量较小时，要紧握转向盘，两腿向前蹬，身体向后紧靠座椅，不得从一侧跳车。与对向来车发生正面碰撞且碰撞位置在驾驶员正前方时，要迅速躲离转向盘，往副驾驶座位躲避，并迅速将两腿抬起，避免身体受到挤压。机动车突然发生倾翻时，驾驶人要双手紧握转向盘，双脚勾住踏板，背部紧靠椅背。

9 车辆落水应急处置

驾驶车辆不慎意外落水后，要等到水快浸满车厢时，再设法开启车门或摇下车窗玻璃逃生。车门无法开启时，可选择敲碎侧窗玻璃的自救方法逃生。不可用迅速关闭车窗阻挡车内进水，短暂闭绝空气，打电话告知救援人员失事地点的方法等待救援。

10 突然出现障碍物应急处置

驾驶车辆行驶中，突然遇到路面障碍、坑洼、从前车掉落的货物、交通事故或事故车辆逃逸留下的现场、山区道路发生塌方或者泥石流时，要果断采取制动减速措施，尽量将车速降到最低或能在临近障碍物前停车，严禁急转转向盘躲避或绕行。

11 行人及动物突然横穿应急处置

驾驶车辆行驶中，突然遇到行人和非机动车违法横穿道路、牲畜和保护动物穿越道路等情况时，要及时采取制动减速避让的措施。在高速公路突然遇到违法进入的行人、机动车和穿越的牲畜、动物时，唯一的方法就是制动减速，不得采用急转转向盘躲避或者绕行，以防发生车辆倾翻事故。通过没有交通信号的路口，突然发现有行人或非机动车突然横穿时，应迅速减速或停车避让，不得加速绕行或抢行。

12 发生火灾、爆炸等情况的应急处置

驾驶车辆意外发生火灾时，要尽量将车驶离加油站、高压电线等易燃易爆的地段，设法将车停在远离城镇、建筑物、树木、机动车及易燃物的空旷地带，并及时把事故情况和地点通报给救援机构，不得将机动车驶进服务区或停车场灭火。发现货物起火，迅速拨打救援电话，并将车驶离闹市区等人员密集场所，有条件时将起火的货物卸下，采取各种措施尽量灭火。车辆行驶中，发生车辆自燃，驾驶人应在来车方向设置警告标志，及时报警，使用车内备用的灭火器灭火。货运车辆因碰撞起火，首先要抢救伤员。车辆有爆炸隐患时，应及时采取措施消除隐患，如果爆炸已不可避免，迅速撤离到安全地带。

遇车辆出现燃烧现象，应迅速离开车内，以免对呼吸道造成伤害或发生窒息。发动机着火时，要迅速关闭发动机，用灭火器或覆盖法灭火，尽量不开启发动机舱盖，从车身通气孔、散热器及车底侧进行灭火。燃油、电器着火时，可用车载灭火器、路边沙土、浸湿的厚布、棉衣、工作服进行灭火，不能用水灭火。救火前，要脱去所穿的化纤服装，注意保护裸露的皮肤，以免伤害暴露的皮肤。救火时，要站在上风处，瞄准火源灭火，不要张嘴呼吸或高声呐喊，以免烟火灼伤上呼吸道。

外情况出现。在事故现场抢救伤员的基本要求是先救命，后治伤。受伤者在车内无法自行下车时，可设法将其从车内移出，尽量避免二次受伤。遇伤者被压于车轮或货物下时，要设法移动车辆货物，不得拉拽伤者的肢体将其拖出。

2 昏迷不醒的伤员急救

抢救昏迷失去知觉的伤员，要在抢救前先检查呼吸，再进行具体施救。搬运昏迷失去知觉的伤员要采取侧卧位。

3 失血伤员的急救

抢救失血伤员时，要先采取止血措。采用指压止血法为动脉出血伤员止血时，拇指压住伤口的近心端动脉位置。止血可使用绷带、三角巾和止血带包扎，在没有绷带急救伤员的情况下，可用毛巾、手帕、床单、棉质衣服、长筒尼龙袜子等代替绷带包扎，不能用麻绳或细绳缠绕包扎，救助失血过多出现休克的伤员要采取保暖措施。

4 烧伤伤员的急救

救助全身燃烧伤员，可采取向身上喷冷水灭火的方法，不得用灭火器、沙土覆盖火焰等方法灭火。烧伤伤员口渴时，可喝少量的淡盐水。

5 中毒伤员的急救

救助有害气体中毒伤员，要在第一时间将伤员将中毒人员移出毒区，移送到有新鲜空气的地方，脱去接触有毒空气的衣服，用清水清洗暴露部位，防止伤员继续中毒。救助中毒伤员时，非专业人员不得对实施保暖、人工呼吸、胸外心脏按压等直接接触方法进行救护。

6 骨折伤员的处置

抢救骨折伤员时，注意不要移动身体骨折部位。伤员骨折处出血时，要先止血，然后固定包扎伤口。对无骨端外露的骨折伤员肢体固定时，要超过伤口上下关节。

抢救脊柱骨折的伤员，要用三角巾固定，需要移动时，切勿扶持伤者走动，要用硬担架运送。伤员大腿、小腿和脊椎骨折时，一般不要随便移动伤者。

四、危险化学品处置常识

1 常见危化品的特性

危险化学品具有爆炸、易燃、毒害、腐蚀、放射性等特性。火药、炸药和起爆药属于爆炸品。火柴、硫黄和赤磷属于易燃固体。易燃液体一旦发生火灾，不能用水扑救。腐蚀品着火时，不能用水柱直接喷射扑救。

2 常见危险化学品的个人安全防护

因交通事故造成有害气体泄漏后，进

入现场抢救伤员时，抢救人员须佩戴空气呼吸器或用湿毛巾捂住口鼻。扑救易散发腐蚀性蒸气或有毒气体的火灾时，扑救人员应穿戴防毒面具和相应的防护用品，站在上风处施救。

3 危化品运输特殊情况处理

道路危险货物运输驾驶人、装卸人员和押运员必须了解所运载的危险化学品的性质、危害特性、包装容器的使用特性和发生意外时的应急措施。在交通事故现场，一旦遇到有毒有害物质泄漏，一定要第一时间疏散人员，并立即报警。

液化石油气罐车在运输途中发生大量泄漏时，要切断一切电源，戴好防护面具和手套，关闭阀门制止渗漏，组织人员向上风方向疏散。

第五章 典型交通事故案例分析

运用事故原因的分析方法对典型的交通事故案例进行分析，找到事故发生的主要原因，同时要从事故中吸取教训，避免自己出现类似的违法行为和交通事故。

一、超速超载终相撞

1 案例描述

某日凌晨3时，王某驾驶一辆重型自卸货车运载21吨（核载16吨）的渣土出城，当他由南向北行至某一无道路中心线的城市支路交叉路口（无交通信号灯控制）准备直行（车速为56公里/小时）时，陈某驾驶一辆小汽车由东向南转弯行驶，王某见状立即采取制动并躲闪，但最终还是与陈某驾驶的小汽车相撞，事故造成两车不同程度受损，王某、陈某均受伤。

2 案例分析

（1）关键要素分析。

驾驶人：王某以56公里/小时的速度在路口直行，陈某转弯行驶，两人应遵守事发路段限速要求，并注意观察路口交通情况。陈某车速没有提及，可忽略此因素。

车辆：重型自卸货车“核载16吨”，实际“运载21吨”，超载31%。

道路：事故路段是“无道路中心线的城市支路”，说明此道路限速30公里/小时，具体地点是“无交通信号灯控制”的“交叉路口”，驾驶人应停车瞭望，让右方道路的来车先行。

环境：“凌晨”说明是夜间驾驶，驾驶人更应注意观察，保持安全车速行驶。

（2）综合分析。从案例描述中可以看出，王某在“无道路中心线的城市支路”上以56公里/小时的速度行驶，超速约87%，其驾驶的重型自卸货车也超载了31%，说明王某存在严重的超速超载违法行为。此外，在夜间通过“无交通信号灯控制”的“交叉路口”，驾驶人均应停车瞭望，让右方道路的来车先行，同时遵守“转弯的机动车让直行的车辆先行”的规定。很明显两位驾驶人都未进行停车瞭望，且陈某更是未让王某的直行车辆先行。总体来说，超速超载、未停车瞭望、不按规定让行这些违法行为共同导致了此事故的发生。

3 案例警示

（1）十次事故九次快。公安部门多年的统计数据显示，超速行驶是导致交通事故的主要违法行为之一，且排在五大主要违法行为前列。《中华人民共和国道路交通安全法》第四十二条规定“机动车上道路行驶，不得超过限速标志标明的最高时速。在没有限速标志的路段，应当保持安全车速。夜间行驶或者在容易发生危险的路段行驶，以及遇有沙尘、冰雹、雨、雪、雾、结冰等气象条件时，应当降低行驶速度。”同时，法规中还有很多具体道路和路段的限速规定（详见第22页“十二　机动车限速通行”的相关内容）。法规之所以对速度进行严格的限制，是因为高速行驶会直接导致驾驶人视力下降、视野变窄、车辆制动距离变长和操纵稳定性下降，对行车安全威胁极大（详见第98页“3）速度感知”的相关内容）。但很多驾驶人在夜间驾驶时，因为道路上车辆、行人较少，认为通行条件较好，往往忽略了观察且不自觉地就提高了车速。但夜间行车时，由于前照灯的照射范围有限，驾驶人不能及时发现车辆前方前照灯照射范围以外区域内的危险情况，此时超速行驶更加危险，驾驶人应以此为戒，严格控制车速。

（2）严禁车辆超载。车辆超载会增大车辆负荷，使车辆轮胎、制动系统和操纵装置机构发生故障的概率增大，车辆的制动停车距离增加，车辆控制难度增大，很容易引发交通事故，同时超载也会加重事故的后果。但目前我国的货运驾驶人多为营业性运输车辆，为了获取更大的经济效益，很多驾驶人选择超载运输，这是严重的违法行为。

（3）要按规定让行。我国道路交通安全法及实施条例中对交叉路口、窄路、坡路及障碍路段会车、让超车及遇行人和执行紧急任务的警车、救护车等特种车辆时均给出了具体的礼让规定，但很多驾驶人并未按规定让行，引发了很多交通事故。据统计，“未按规定让行”已连续4年居“机动车肇事致人死亡的主要原因”的前三位。为此，广大驾驶人应严格遵守让行规定，让出风格、让出安全。

二、疲劳驾驶引发翻车

案例描述

某日晚上，刘某陪外地来的女友在欢

乐谷玩到深夜。次日凌晨4时，他回到货运公司，开着重型载货汽车要赶在天亮前将一车货物送到目的地。当车辆行驶到某环路立交桥时，刘某打起了瞌睡，随着一声巨响，刘某感觉翻天覆地，车辆已侧翻在地。事故造成刘某身体多处受伤。

疲劳驾驶引发翻车

2 案例分析

（1）关键要素分析。

驾驶人：刘某"陪外地来的女友在欢乐谷玩到深夜"，"次日凌晨4时"就开始运输任务，可以得知刘某肯定休息不足，后面开车时"刘某打起了瞌睡"说明他处于疲劳状态。

车辆：无车辆载重和故障的相关描述，可忽略这方面的原因。

道路：事故路段是环路立交桥处，无特别之处。

环境：凌晨4时，说明刘某是夜间驾驶，也是容易疲劳的时刻。

（2）综合分析。此事故中刘某打起瞌睡，明显存在疲劳驾驶行为，在车辆无安全技术问题和道路、环境良好时，发生单车事故，事故的主要原因就是刘某疲劳驾驶，幸运的是刘某只是受伤。

3 案例警示

严禁疲劳驾驶。驾驶人如果休息不好或长时间连续驾驶，就会出现疲劳，疲劳时人的视觉、听觉和注意力下降，反应和协调能力下降，甚至出现短时的睡眠，很容易导致交通事故。驾驶人尤其要注意午后2时左右和凌晨2时至5时，这是人最容易疲劳的时候，应尽量避免此时驾车。同时一定要注意连续驾驶不得超过4个小时，需要长时间行车时，中间应适当休息。在此警示所有驾驶人：一定要注意休息，千万不要疲劳驾驶！

三、非法使用远光灯

1 案例描述

某日晚上，赵某驾驶一辆大型货车在没有路灯的城市道路上，一直开着远光灯以90公里/小时的速度行驶，在通过一条没有道路中心线的窄路时，因加速抢道，导致对面驶来的一辆小型汽车撞上右侧护栏，车辆损毁严重，小型汽车驾驶人刘某受伤。

2 案例分析

（1）关键要素分析。

驾驶人：赵某“一直开着远光灯”“以90公里/小时的速度行驶”，会车时“加速抢道”。

车辆：大型货车，并无车辆故障和装载等描述，可忽略此方面因素影响。

道路：是“没有路灯”的“城市道路”，说明照明条件不好。事故路段是“城市道路”且是在“没有道路中心线的窄路”，最高车速不得超过30公里/小时。

环境：“某日晚上”，说明是夜间驾驶。在“没有道路中心线的窄路”，对面有小型汽车驶来，属于夜间窄路会车。

（2）综合分析。此案例中，驾驶人赵某驾驶大型货车在城市内“没有道路中心线的窄路”上会车时，开远光灯是不对的；同时其车速为90公里/小时，已经严重超速；在会车时，不但不注意避让，还“加速抢道”。赵某不按规定使用灯光、超速行驶、不按规定会车的行为，导致了这起事故的发生。

3 案例警示

（1）正确使用远光灯。《中华人民共和国道路交通安全法实施条例》中明确规定：机动车在夜间在没有路灯、照明不良的情况下行驶时，要开启前照灯、示廓灯和后位灯，但同方向行驶的后车与前车近距离行驶时，不得使用远光灯。在没有中心线的道路上，夜间会车应当在距相对方向来车150米以外改用近光灯，在窄路、窄桥与非机动车会车时，也应使用近光灯，否则容易使对向来车驾驶人炫目，从而引发交通事故。当大型货车与小型汽车夜间会车时，大货车车体高、灯光亮，如果开远光灯，对向来车的驾驶人会完全看不清前方路况，为了与大货车保持安全距离，有的会向右躲闪，很容易撞到右侧的非机动车和行人。因此，夜间会车时，不要使用远光灯。

（2）要按规定减速会车并注意礼让。《中华人民共和国道路交通安全法实施条例》中明确规定：在没有中心隔离设施或者没有中心线的道路上，机动车遇相对方向来车时，应减速靠右行驶，并与其他车辆、行人保持必要的安全距离。本案例中的大货车驾驶人赵某在夜间窄路会车时，不但不减速行驶，而是加速抢道，导致对向小型汽车直接向右躲避撞到了右侧护栏，这显然是不对的。此外，道路交通安全法规中还明确了在没有中心隔离设施或者没有中心线的道路上，机动车遇到有障碍的路段、狭窄坡路及狭窄山路会车时的礼让规定，驾驶人一定要遵守礼让会车规定，切勿加速抢行。

四、转弯盲区引发事故

1 案例描述

某日下午，王某驾驶一辆重型平板拖车在一路口左转弯时，突然左侧剐蹭了陈某驾驶的同样正准备左转弯的小汽车，事故造成小汽车严重受损，陈某受轻伤。后经调查核实，王某驾驶的平板拖车左后转向灯存在故障。

2 案例分析

（1）关键要素分析。

驾驶人：王某左转弯剐蹭车辆，说明王某疏于观察且忽视了车辆的内轮差。

车辆：平板拖车车身较长，且“左后转向灯故障”。

道路：事故地点是一路口，无特别之处。

环境：并无特别之处。

（2）综合分析。此案例中，王某驾驶“左转向灯存在故障”的安全设施不全的机动车上路是违法行为；在左转弯时，王某疏于观察车辆左侧后方交通情况是导致事故的主要原因。

3 案例警示

（1）大货车转弯盲区大。大货车车体高大、车身较长，周围盲区较大，尤其是当车辆转弯时，车头两侧盲区很大。特别是右转弯时，转弯内侧的盲区较大且随时不断变化。一旦当非机动车或行人靠近大货车前部时，驾驶人是完全看不到非机动车或行人的。因此，在车辆转弯时，驾驶人一定要控制车速并注意通过后视镜和移动头部位置来不断扩大自己的观察范围，消除车辆结构盲区的影响。有下视镜的车辆，驾驶人更要随时通过下视镜观察车辆前部交通动态。

（2）千万不能忽视内轮差。大货车因车身较长、轴距较大，内轮差比普通小汽车大得多，一般都能达到 2 米，如果是轴距加大，内轮差还会继续增大。加之大货车转弯时的盲区往往会与内轮差区域重合，一旦有非机动车闯入转弯盲区且进入大货车的转弯半径内，直接会导致严重的碾压事故。无数的大货车转弯事故已经证明了这一点，因此，驾驶人一定要注意转弯盲区和内轮差，防止引发严重的交通事故。

五、多种违法酿成惨重后果

1 案例描述

某日上午，彭某驾驶一辆重型半挂牵引车，载运 37.7 吨（核载 25 吨）货物，行至大广高速公路一长下坡路段时，车辆突然制动失效，彭某赶紧向应急车道内行驶，但此时应急车道内李某正驾驶着一辆重型自卸货车（货箱内装载 3.17 立方黄土并搭乘 24 人），最终彭某的半挂牵引车追尾碰撞重型自卸货车，自卸货车冲破波形护栏坠下 17 米深的山坡。事故最终造成 16 人死亡、13 人受伤。后经调查发现，彭某驾驶的半挂牵引车前轮制动系统被非法改动，制动性能不符合国家相关标准。

2 案例分析

（1）关键要素分析。

驾驶人：半挂牵引车驾驶人彭某在“车辆制动失效”的情况下驶向应急车道属于正常行为；重型自卸货车驾驶人李某在车辆无故障的情况下非法占用应急车道行驶。

车辆：半挂牵引车“核载 25 吨”，但实际“载运 37.7 吨货物”，“前轮制动系统被非法改动，制动性能不符合国家相关标准”，行驶中出现“制动失效”故障。自卸货车“货箱内装载 3.17 立方黄土并搭乘 24 人”。

道路：高速公路长下坡路段，应控制车速，不能频繁使用行车制动，否则易引起制动失效。

环境：某日上午，再无特别交代，可忽略环境因素影响。

（2）综合分析。彭某驾驶安全技术不符合国家标准的机动车上路行驶，同时存在严重的超载行为，在制动失效的情况下未采取有效的控制措施。而李某明显存在货车非法载人、无故占用应急车道行驶的违法行为，这些违法行为最终导致了事故的发生，且李某的货车非法搭载多人直接加重了事故的后果。

3 案例警示

（1）不得驾驶安全技术不符合国家标准的机动车上路。我国对机动车实行定期安全技术检验制度，载货汽车 10 年以内每年检验一次，超过 10 年的，每 6 个月检验一次。同时驾驶人驾车上道路行驶前，应当对机动车的安全技术性能进行认真检查，不得驾驶安全设施不全或者机件不符合技术标准等具有安全隐患的机动车。此案例中，彭某的半挂牵引车制动系统被非法改动，性能不符合国家技术相关标准，本不应该上路，结果上路后出现制动失效的危险情况，最终导致了事故。在此提醒广大驾驶人，车辆一定要按规定进行检验，出现故障后一定要去专业维修企业进行维修，避免出现此案例中的安全技术不合格的情形。

（2）严禁车辆超载。车辆超载危害多。此案例中车辆在长下坡路段行驶，车辆超载肯定会加大车辆控制难度，加之车辆制动系统本身不符合国家标准，直接导致了车辆制动失效。

（3）货车严禁载客。我国道路交通安全法及实施条例明确规定："禁止货运机动车载人。货运机动车需要附载作业人员的，应当设置保护作业人员的安全措施。载货汽车车厢不得载客，在城市道路上，货运机动车在留有安全位置的情况下，车厢内可以附载临时作业人员 1 人至 5 人；载物高度超过车厢栏板时，货物上不得载人。"在高速公路上行驶的载货汽车车厢不得载人。因为货车载人，如果车上没有货物，货厢内没有固定人员的安全设施，人员很容易磕碰或被甩出；当车上装有货物时，行驶中货物容易发生移位，会对人员造成伤害。因此为了人们的安全，货车不得载客。

（4）不得非法占用应急车道。高速公路上的应急车道是供事故车辆、故障车辆和救援车辆使用的，是生命通道，不能非法占用。本案例中的自卸货车非法占用应急车道行驶，最终被制动失效的车辆追尾碰撞，导致了严重的交通事故。如果自卸货车不占用应急车道，半挂牵引车可能沿着应急车道驶入避险车道，就不会发生追尾事故了。

数字资源使用说明

本书配套完善的数字资源，包含电子书、视频课程，您可在微信中使用这些数字资源。

数字资源使用方法一

使用微信扫描图书封面红色数字资源码，按操作提示绑定图书，即可使用全部数字资源。无数字资源码的图书为盗版。

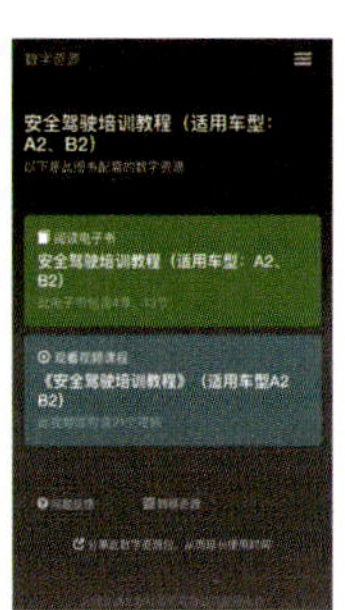

数字资源使用方法二

在完成方法一的绑定图书操作后，你也可以在阅读纸质图书时，使用绑定的微信，直接扫描图书内页二维码，系统会自动跳转至相应章节，供您在手机上继续阅读或拓展阅读。

4 跟车距离规定

驾驶机动车在同车道跟车行驶时，应当与前车保持足以采取紧急制动措施的安全距离。跟车行驶，要随时注意观察前车的动态，遇到前车在路口减速或发出转向信号时，要适当减速加大跟车距离。

5 超车规定

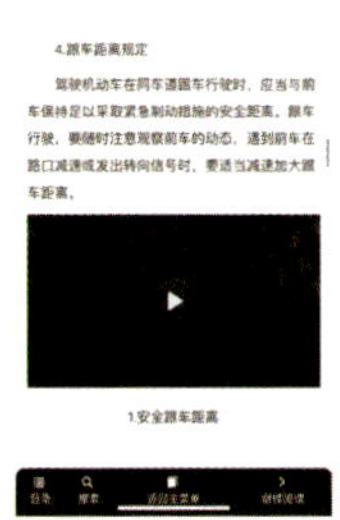

您可在手机微信或是电脑微信上使用此数字资源平台。
如在使用过程中遇到技术问题，可使用微信扫描下方二维码联系客服，或致电010-67364344。